【中国人格读库】

国家新闻出版广电总局
培育和践行社会主义核心价值观主题出版重点出版物

赵一曼传

高占祥　主编

王佳琦　著

北京时代华文书局

图书在版编目（CIP）数据

赵一曼传 / 王佳琦著 . -- 北京：北京时代华文书局，2015.7（2022.3 重印）

（中国人格读库 / 高占祥主编）

ISBN 978-7-5699-0311-9

Ⅰ . ①赵⋯ Ⅱ . ①王⋯ Ⅲ . ①赵一曼（1905～1936）一传记 Ⅳ . ① K825.2

中国版本图书馆 CIP 数据核字（2015）第 136752 号

赵 一 曼 传

Zhao Yiman Zhuan

主　　编 | 高占祥
著　　者 | 王佳琦

出 版 人 | 陈　涛
责任编辑 | 邢　楠
装帧设计 | 程　慧　段文辉
责任印制 | 訾　敬

出版发行 | 北京时代华文书局 http://www.bjsdsj.com.cn
　　　　　北京市东城区安定门外大街 138 号皇城国际大厦 A 座 8 楼
　　　　　邮编：100011　电话：010-64267955　64267677
印　　刷 | 三河市嵩川印刷有限公司　0316-3650395
　　　　　（如发现印装质量问题，请与印刷厂联系调换）
开　　本 | 787mm×1092mm　1/16　印　张 | 10　字　数 | 95 千字
版　　次 | 2016 年 1 月第 1 版　印　次 | 2022 年 3 月第 3 次印刷
书　　号 | ISBN 978-7-5699-0311-9
定　　价 | 38.00 元

《中国人格读库》编委会

社会主义核心价值观与中国人格

周殿富

社会主义制度在中国已经建立了六十余年，而我们党则在本世纪初叶提出了培育弘扬社会主义核心价值观的重大课题，显然是其来有自。

社会主义的道德风尚在新中国蔚然兴起，曾经那样地风靡于二十世纪中叶。邓小平同志曾经在改革开放中讲过，当年"这种风气不仅是中国历史上从来没有过的，而且受到了世界人民的赞誉"。然而可惜的是，这个在社会主义制度建立与实践中，同步兴起的社会主义道德风尚的成长道路，却是一波四折。半个多世纪以来，它先是与共和国一道遭受了十年"文革"的浩劫；接着便是全党工作重心转移到改革开放进程中，欧风美雨"里出外进"的浸洗濡染；再接着是西方"和平演变"在东欧得手的强烈震荡与冲击；最后又是市场经济中那两只"看不见的手"在搅动着、嬗变着人们的价值取向。至少在国民中出现了价值观上的多层次化，传统美德的弱化，社会道德文明水准的退化，光荣革命传统的淡化，这也许正是中央在本世纪初提出社会主义核心价值观的原因吧。

不管怎么"变"，怎么"化"，当我们回首来时路，却不能不说，中华民族真的很强大，很值得骄傲。人类经历了几千年的文明进程，堪称世界文化之源的"五大文明古国"，其他四大古国文明都已被历史淘汰灭亡，只有中国成了唯一的延续存在。近现代即使那般的积贫积弱，被西方列强豆剖瓜分、弱肉强食，想亡我中华都不可能，就连最强大的美帝国主义，最凶残的日本军国主义都成为我们的手下败将，而且打出了一个新中国，且跨过整整一个历史阶段，直接进入了社会主义。西方敌对势力几十年不遗余力地对新中国百般围剿，"冷战""热战""和平演变"手段用尽，连如此强大的前苏联乃至整个苏东阵营都被瓦解了，而社会主义的旗帜仍旧在960万平方公里的土地上高高飘扬，而且昂首挺胸地屹立在世界的东方，中国真的是太强大了。几十年来的瞩目成就，竟然令西方发出了"中国威胁论"。你管他别有用心也好，言过其实也好，总比让别人说我们是"瓷器"，是"东亚病夫"好吧？1840~1949年的一百零九年间，中国尽受别人的欺负、"威胁"了，我们也能让那些昔日列强有点"威胁感"，又有什么不好？更何况这是他们自己说的啊！我们并没吹嘘，也没有去做。几千年来我们侵略过谁呢？"反战""非攻""兼相爱，交相利"，中国古有墨子，近有周恩来、邓小平同志。这也是中华民族固有传统美德的延续吧！

生于忧患，死于安乐，这也当是中华民族的一个传统美德吧？几十年来尽管中国如此繁荣兴旺，但从邓小平生前一直到党的"十八大"以来，无论哪一届中央领导集体，从来都没有忘记过国之忧患。忧在何处，患在何处呢？

二十世纪八十年代末，邓小平同志曾经在半年的时间内四次提到：中国改革开放十年最大的失误在教育，在"对青年的政治思想教育抓得不够""对人民的教育不够"，足见他的痛心疾首。他晚年时又提到了"国格"与"人格"的问题，讲道："谈到人格，但不要忘记还有一个国格。特别是像我们这样第三世界的发展中国家，没有民族自尊心，不珍惜自己民族的独立，国家是立不起来的。"

（精装版《邓小平文选》第3卷331页。）

人们很少注意到邓小平的这一段话，但邓小平恰恰是在这里把"国格""人格"提升到了事关"立国"的高度。

那么，什么是我们社会主义的"国格"呢？邓小平讲得很明白："民族自尊心""民族的独立"。

新中国一路走来，我们最大的尊严便是完全靠"自力"，靠"艰苦奋斗"，而达"更生"之境。对西方敌对势力的"冷战""热战""和平演变"，我们何曾有过屈服？也正是在这一前提下，我们才有真正的"民族独立"。这就是我们的国格。那么什么是我们中国人的人格呢？邓小平同志在这里没有讲，但他在1978年4月22日召开的全国教育工作会议上的讲话中，在讲到我们的教育培养目标时，至少提到与社会主义人格相关的各个方面：革命的理想，共产主义的品德，勤奋学习，严守纪律，艰苦奋斗，努力上进，爱祖国，爱人民，爱劳动，爱科学，爱护公共财产，助人为乐，英勇对敌，集体主义精神，专心致志地为人民工作，等等。这里的哪一条不属于社会主义人格的范畴呢？

2006年党的十六届三中全会，第一次提出了"建设社会主义核心价值体系"的历史性命题和战略任务。2007

年，胡锦涛同志在"6·25"讲话中又具体提出这个"体系"包括四个方面的内容：①马克思主义的指导思想；②中国特色社会主义共同理想；③以爱国主义为核心的民族精神和以改革创新为核心的时代精神；④社会主义荣辱观。这四个方面，一是信仰，二是理想，三是精神，四是道德文明，哪一个不在社会主义人格的范畴之内呢？党的十七届六中全会又提到了社会主义核心价值体系是"兴国之魂"。

2012年11月，在党的"十八大"上又用"三个倡导"把社会主义核心价值观概括为十二项：①倡导富强、民主、文明、和谐；②倡导自由、平等、公正、法制；③倡导爱国、敬业、诚信、友善。而且中办文件又把这"三个倡导"分为三个层面：第一个"倡导"的四项，是国家层面的价值目标；第二个"倡导"的四项，是社会层面的价值取向；第三个"倡导"的四项，是公民个人层面的价值准则。实际上前两个"倡导"的八项都是属于"国格"范畴，而第三个"倡导"是属于"人格"范畴。

那么，我们怎样才能在前面讲到的那些历史嬗变中培育建构起这个"核心价值观"呢？中共中央政治局的第十三次集体学习，似乎很明确地回答了这个问题。

新华社北京2014年2月25日电讯称：中央政治局在2月24日，以弘扬社会主义核心价值观，弘扬中华传统美德为内容，进行了集体学习，习近平总书记在主持学习时强调：

　　培育和弘扬社会主义核心价值观必须立足中华优秀传统文化。牢固的核心价值观，都有其固有的根本。抛弃传统、丢掉根本，就等于割断了自己的精神命脉。博大精深的中国优秀传统文化是我们在世界文化激荡中落稳脚跟的根基。中华文化源远流长，积淀着中华民族最深层的精神追求，代表着中华民族独特的精神标识，为中华民族生生不息、发展壮大提供了丰厚滋养。中华传统美德是中华文化精髓，蕴含着丰富的思想道德资源。不忘本来才能开辟未来，善于继承才能更好创新。对历史文化特别是先人传承下来的价值理念和道德规范，要坚持古为今用、推陈出新，有鉴别地加以对待，有扬弃地予以继承，努力用中华民族创造的一切精神财富来以文化人，以文育人。

　　习近平总书记的这段论述相当精辟，对于如何培育建构社会主义核心价值观问题从四个方面剀切明白。

第一，他明确指出要在中华优秀传统文化的基础上，来构造我们的社会主义核心价值观，而不能割断历史。这一条十分重要，否则我们便会失去我们的本来面目，便会成为无源之水，也就无法走向未来。

第二，指出了中华传统美德是中华文化精髓，蕴含着丰富的思想道德资源。这就为我们揭示了社会主义核心价值观，要以弘扬优秀的中华传统美德为基础。

第三，他指出，对传统文化在扬弃中继承，在继承中创新。这就是说，社会主义核心价值观的内涵，既要有优良传统的文化精神，也要有时代精神，是二者的有机结合。

第四，他指出要用中华民族创造的一切精神财富，来化人育人。这就是说，弘扬中华民族文化，并不只是传承儒学那些道统，而是要弘扬全民族共创的优秀传统文化。同时也就是说，培育、弘扬社会主义核心价值观的根本目的是化民、育人。

尤其值得瞩目的是，习近平总书记在这次讲话中提到了一个"中华民族独特的精神标识"问题，而在同年的全国组织部长会议上又提出我们再也不能以GDP论英雄的思想。让人欣慰的是，思想道德文化建设终于被提升到一个民族的标识地位，这至少表明中国人的思想观念，并不落伍于世界潮流。

并不受人欢迎的亨廷顿生前给他的祖国提出的警示忠告，竟是如何弘扬他们没有多少历史和文化的"传统文化"："盎格鲁新教精神——美国梦"，以此为国家的"文化核心"问题。他讲道："在一个世界各国人民都以文化来界定自己的时代，一个没有文化核心而仅仅以政治信条来界定自己的社会，哪有立足之地？"所以，他提醒他无限忠于的祖国，一定要巩固发扬他们自入居北美以来，在新教精神基础上形成的"美国梦"理念的"文化核心"地位，这样才能消解这个国家的民族与文化双重多元化的危机。为此，他甚至预言美国弄不好会在本世纪中叶发生分裂。而且他公开预言不列颠大英帝国也会因民族与文化多元化的问题，导致在本世纪上半期发生分裂。

西方的一些专家学者们也十分强调国家民族文化的地位问题，柏克说："全世界的人根据文化上的界限来区分自己。"丹尼尔同样说："保守地说，真理的中心在于，对一个社会的成功起决定作用的是文化，而不是政治。开明地说，真理的中心在于，政治可以改变文化，使文化免于沉沦。"这些语言也可能有它们的局限性与某种非唯物性，但至少可以让我们看到那些发达的资本主义国家在想什么，至少与马克思主义经典作家们，关于意识形态并不总是消极被动地接受它的经济基础的论断并不相悖。

中国显然具有世界上最悠久的民族文化，同时显然也拥有世界上最强大的政治优势。新中国包括它直接进入社会主义的经济形态，以及其后的一次次经济变革，哪一次不是靠政治力量在强力推动呢？它当然同样拥有让我们几千年的民族文化"免于沉沦"的能力。有学人认为我们的民族文化早就被以往一次次的历史性灾难割裂了，这个看法显然都是毫无道理的。但我们当下却确实面临着"两个传统"失传失统的危险。中国的传统文化与优秀的民族美德，在当代国民中还有多少传承？老一代中国共产党人用生命与鲜血铸就的光荣革命传统，在党内还有多少"光大"？我们现在全民族的"核心文化"到底在何处？"社会主义核心价值观"的提出不仅符合世界潮流，也是使我们优秀的民族文化得以传承而不发生历史断裂的根本保证。富和强永远都不是一个民族的标志，哪个国家不可以富，不可以强？但能代表中国"这一个"本来面目，具有自己民族特色的，唯有中华民族的文化，能代表中国人形象的只有中国独具的道德人格。什么是人格？人格就是原始戏剧中不同角色的本来面目。

综上所述，我们是不是可以这样认为，社会主义核心价值观应内含如下的成分：中华民族传统文化中的优秀传统美德；中国人民近现代反帝反侵略反封建的爱国主义、斗争精神与中国共产党领导下形成的几十年光荣革命传统；中国化了的马克思主义有中国特色社会主义的共同理想；与"中国梦"远大目标相适应的时代精神。由这些内涵构成的社会主义核心价值观，用它来干什么呢？用习近平总书记的话来说就是"化人""育人"，把它再具体化一下，无非是打造能体现中华民族特色，代表中国形象的国格、人格。在思想道德层面上，一个国家的民族精神也只有在人的身上才能体现，所以我们依据社会主义核心价值观的基本要求，针对当代青少年的实际情况，策划了《中国人格读库》这样一套大型系列选题。

本套书承蒙全国少工委、中华文化促进会、团中央中国青年网三家共同主办推广，并积极提供书稿。难得高占祥老前辈热情出任该套书的编委主任，且高占祥同志不辞屈就加盟主创作者队伍。一些大学、中学教师与青年作者也积极加盟此套书的编写。该选题被国家新闻广电出版总局列为2014年全国社会主义核心价值观重点选题，在此一并鸣谢。

希望本套书的出版能为社会主义核心价值观的培育与弘扬，为促进青少年的道德人格养成起到积极的作用。欢迎广大读者与作家对不足之处批评教正，多提宝贵建议与指导意见。

谨以此代出版前言并序。

二〇一四年十月

于北京时代华文书局

引言

蜀中巾帼富英雄，石柱犹存良玉踪。

四海今歌赵一曼，万民永忆女先锋。

青春换得江山壮，碧血染将天地红。

东北西南齐仰首，珠河亿载漾东风。

在这首气势磅礴的诗歌中，作者郭沫若歌颂了一位伟大的女性，她就是中国著名的抗日英雄赵一曼。从郭沫若先生的描述中，可以感受到赵一曼对抗日寇时的飒爽英姿，也可以看出赵一曼宁死不屈、壮烈牺牲时的悲壮。

赵一曼是东北地区有名的抗日女英雄，这位"不爱红装爱武装"的抗日女战士，在东北珠河地区的抗日活动沉重打击了日寇的统治。那个时候，赵一曼"红枪白马"打鬼子的事迹在珠河地区广为流传，她英勇善战，威震珠河，常常让敌人闻风丧胆。1936年8月2日，赵一曼因为誓死不向日军提供情报被残酷杀害，在珠河县小北门广场外壮烈牺牲，年仅31岁。新中国成立后放映的纪念电影《赵一曼》又将她的斗争事迹传播到大江南北，使她成为了当时人尽皆知的革命英雄。

英雄赵一曼的不屈精神并非与生俱来，而是在艰苦曲折的人生道路中不断激发出来的。赵一曼，原名李坤泰，1905年出生在四川宜宾的一个封建地主家庭。她少年出走，独自一人来到城市求学，后来又投入到妇女、学生工作当中，因工作表现突出加入中国共产党。赵一曼曾前往莫斯科中山大学进修，回国后辗转回到上海继续工作。1931年"九一八事变"后，赵一曼主动要求前往东北地区进行抗日斗争，她在东北地区坚持抗日整整五年，直到为国牺牲时，一直保持了坚定的信念和不屈的精神。

生活的考验给了赵一曼坚毅的性格，而促使她形成这种顽强品格的内在动力则是赵一曼对信仰的坚持。1936年她被捕受审之时，日军问她为什么要抗日，当时伤痕累累的赵一曼就义正词严地答道："这是我的主义，我的信仰！我坚信正义终将战胜邪恶，坚信侵略他国人民的行为不会有好结果！你们不用问了，我是不会说的，就算我的生命结束，中国人民抗日的信仰也不会停息！"赵一曼就是这样坚守自己的抗日信仰的，日军自始至终都没有从她口中得到有用的信息。可以说，没有坚定执着的信仰，就没有赵一曼不朽的灵魂。从她信仰马克思主义的那一刻起，赵一曼就发誓要为无产阶级革命奋斗一生，而她的确做到了，这是她作为一名共产党员对人民、对历史的承诺。

没有信仰的人生是可怕的、可悲的。一个人若没有信仰，就如同大树没有阳光，失去了生长的方向，也失去了活下去的力量源泉。赵一曼生活在救亡图存的近代中国，她的信仰就是解放大众并为此抗争不止，她用鲜血印证了自己的信仰，同时以信仰支点，构建了自己高尚的人格精神。而生活在当代中国的我们，回看先辈的光辉事迹，也应该对照社会主义核心价值观反躬自省。我们学习先辈的事迹，也应该学习他们高尚的人格精神，从共同的信仰中汲取力量，这是他们留给我们的宝贵财富。

目录

一、冲破藩篱，追求革命／001

二、不断深造，历练有成／022

三、只身回国，北上抗日／042

四、红枪白马，宁死不屈／060

五、身后英义，永垂不朽／098

后记／107

延伸阅读／113

赵一曼年谱／134

一、冲破藩篱，追求革命

　　1911年，中国近代史上的重要转折点——辛亥革命爆发，推翻了中国历史上最后一个封建王朝，结束了君主专制长达两千多年的统治地位，打开了中国历史的新篇章。随之而来的就是南京临时政府的成立，以及一系列旨在移风易俗法令的颁发。这一具有重大历史意义的事件，给当时的中国社会带来了前所未有的影响：不仅仅长期存在的皇帝在万千百姓的世界里消失了，而且人们的日常生活也有了质的变化。从前留的长辫子剪去了，男人们都学起洋人来，穿西装、留短发；令妇女们痛苦不堪的裹脚活动也被强令禁止了，不少女性率先从家庭中走向社会，参加工作、参与斗争；走在大街上，过去要下跪问安的"老爷"、"太太"，如今也变成了鞠躬问候的"先生"、"女士"……人们的生活面貌再也不是原来的样子了。生活习俗的改变之外，更重要的是人们思想观念的革新：在当时南京临时政府的推动下，《中华民国临时约法》在中国社会中产生了一定影响，越来越多的人明白自己应当享有民主权利，"民主"、"平等"的思想深入人心。革命的胜利和新政府的成立，使人们开始知道自己作为政治主体所拥有的权利，人们追求自由进步的热情也迅速提升。其中，有一群人的表现尤为突出，她们的改变、反抗、争取恰恰是对"平等"一词的最好注解。这就是广大的妇女群体，辛亥革命后，以青年女学生为代表的女人们逐渐走出家庭、走向社会，为自身争取婚姻、教育、工作中的平等，争取应有的社会权利。更有甚者，接受新思潮的洗礼，加入到改造旧社会、挽救中华民族的浪潮中，以独特的方式为振兴华夏贡献力量、探索道路，成为解放大众的先驱。中国共产党早期妇女运动领导人、中国妇女运动先驱向警予就是其中的一位代表人物。作为较早接触进步思想的女学生，向警予一直都在为妇女的解放而斗争着。她不仅身先士卒领导妇女游行示威，而且通过各种渠道宣传平等自由思想，从观念认识的层面帮助更多妇女摆脱封建束缚，走向新生。她发表了大量宣传妇女解放的重要文章，创办专门性的报刊，开拓解放妇女思想的新阵地，成功影响了一大批女性。

1924年8月6日，向警予主编的《妇女周报》上刊登了一篇题为《被兄嫂剥夺求学权利的我》的文章，引起了许多人的关注。作者在文章中写道："我自生长在这黑暗的家庭中十数载以来，并没有见过丝毫的光亮，阎王似的家长——哥哥——死死把我关在那铁围中，受那黑暗之苦……我感觉到这一点的时

辛亥革命后孙中山与黄兴等人合影

候，我极想挺身起来，实行解放，自去读书。奈何家长——哥哥——专横，不承认我们女子是人，更不愿送我读书……请全世界的姊妹们，和女权运动者，帮我设法，看我如何才能脱离这个地狱家庭，如何才能达得到完全独立？"从文章中不难看出作者内心渴望接受教育的迫切诉求，她希望平等接受教育的强烈心情感染了很多读者，人们在这份言辞恳切的申诉中，看到了一个不甘被黑暗吞噬、苦苦寻求光明而不得的女青年，看到了一个对自我发展有追求、有理想的女学生，对她的遭遇十分同情。不少进步青年看到文章后，纷纷声援文章的作者——支持她脱离封建专制的家庭，寻求接受教育、不断进步的机会，掌握自己的命运。

这个笔名为李一超的女性，就是后来新中国成立后妇孺皆知的抗日女英雄赵一曼。非常巧合的是，赵一曼和向警予，两人虽然在年龄上存在着十年的差距，但却有着十分相似的人生经历：从追求进步的女青年，到献身革命的女党员，再到最后宁死不屈、壮烈牺牲的女英雄，她们都是那个时代的一抹亮丽颜色，为时代的进步与社会的解放献出了生命。

赵一曼，本名李坤泰，字淑宁，1905年10月25日出生于四川宜宾县白花场白杨嘴村一个封建地主家庭。与许多出身于贫苦人家而走上抗争道路的革命家不同，赵一曼的家庭富裕安稳。赵一曼的父亲李鸿绪给她取字"淑宁"，就是基于家庭生活情况对她做出的期许与要求，父亲希望她做一个贤良淑德的大家闺秀。在

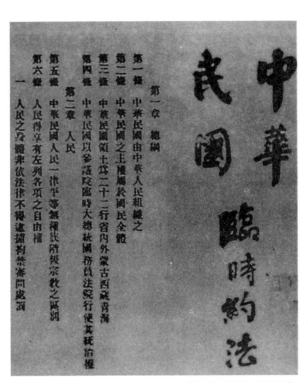

中華民國臨時約法

第一章　總綱

第一條　中華民國由中華人民組織之
第二條　中華民國之主權屬於國民全體
第三條　中華民國領土爲二十二行省內外蒙古西藏青海
第四條　中華民國以參議院臨時大總統國務員法院行使其統治權

第二章　人民

第五條　中華民國人民一律平等無種族階級宗教之區別
第六條　人民得享有左列各項之自由權
　一　人民之身體非依法律不得逮捕拘禁審問處罰

《中华民国临时约法》

李鸿绪的设想中，女儿应该是端庄娴静的闺阁女儿，与外面世界的打打杀杀毫无关系，因此赵一曼还有一个乳名叫"端女儿"，包含了家人对她的期望。偏偏事与愿违，赵一曼生性刚强，遇事决绝，有自己的主见，敢于反抗不公的待遇。

小时候的赵一曼就表现出了异于大家闺秀的果敢与正直。那个时候虽然新政府已经宣布禁止妇女缠足，但在很多封建大家族，传统的观念习俗并没有根除，在很长一段时间里，妇女们还是以"三寸金莲"为美。一些年纪较大的妇女依旧督促家庭中的少女们在相应的年龄裹脚，以便她们将来拥有一双"动人"的小脚。在赵一曼的家乡，女孩们10岁就要裹脚了，赵一曼的母亲几次三番要给赵一曼缠脚，都遭到了强烈的反抗。在赵一曼眼里，裹脚布是旧社会的糟粕，"三寸金莲"是残疾的、病态的。她喜欢自由自在地奔跑行走，她不希望自己像家族中的其他女人那样，因为缠脚只能永远藏身在小小闺阁中，没有办法走出去看看外面广阔的世界。这与她对自己人生的期待大相径庭，她当然不允许命运被一双残疾的脚禁锢！

这天，赵一曼的母亲又拿着裹脚的工具来到赵一曼的卧室，她叫两个老婆子抓住赵一曼的双手双脚，控制住她别乱动，自己则拿着缠脚布给赵一曼裹脚。赵一曼心里虽然不愿意可却动弹不得，只好扯着嗓子大叫："母亲，我不要裹脚！我不想要一双走不动道的小脚！"赵一曼的母亲哪里肯听："这怎么可以，女孩子就该有女孩子的样子，你踩着一双天足，将来谁敢娶你?"赵一曼听了母亲的话知道恳求是没有用的了,于是她等母亲走后,偷偷拿剪子剪掉了缠脚布,又把专门给小脚穿的尖鞋砍破,依旧穿大鞋。赵一曼的母亲发现之后,很是生气,于是就让年幼的赵一曼罚跪。在封建家族,家长拥有至高的权力,小小的罚跪是十分寻常的事情。当时的赵一曼跪在地上,心里越想越不服气:自己只是不想裹脚罢了,为什么母亲要再三强迫她?难道她自己的双脚她还不能做主吗?赵一曼心想,决不能听了母亲的话裹小脚,无论如何都不行!

为了表示自己的态度和决心,有一天赵一曼把洗脚盆搬到堂屋,当着众人的面悠闲地洗起脚来。家里的长辈和裹了脚的婆子们看到后都感到十分诧异,怎么能把女孩家的双脚当众给别人看呢?实在太不像话了!家里人都觉得这女娃太不听话,忤逆长辈。赵一曼却不觉得自己拒绝裹脚有什么错,她让家里来来往往的人都看到自己的双脚,就是要大家知道,自己并不以"天足"为耻。赵一曼这是在向整个家族表达自己的不满与抗争,她不能任由那些封建糟粕来影响自己的人生,所以她要与封建思想彻底对立。

赵一曼的与众不同还表现在她的正直与善良,年少的赵一曼好打抱不平,也敢打抱不平。她没有像寻常人家的小姑娘那样胆小怕事,面对周围发生的不公、不义、不良之事,她都要管。特别是对于那些歧视女性、迫害妇女的现象,她更是积极提出不满,抗争到底。赵一曼家里的女孩儿很多,那个时候大家仍保持着重男轻女的思想。很多兄弟们能去的地方，赵一曼她们就不能去，家里的婆子们还要再三管束，要求她们学习传统女子的礼仪与规矩，做一个合乎本分的人。赵一曼常常针锋相对，指出那些规矩的"非人"之处，明确表示自己是不会学的。赵一曼的二姐李坤杰也是个不愿做闺阁女子的人，她常常帮着妹妹一起争辩，不向婆子们服软。赵一曼经常打抱不平，有的时候就算自己受到伤害也义无反顾，家里人大多说她多管闲事、自找麻烦，但她不这么觉得。赵一曼虽然是个年轻女子，却又一股常人没有的拼劲儿，但凡她坚信是对的事情，她都会坚持到底。对此她的父亲李鸿绪也表示惊叹："端女儿乃刚烈之女也。"可以说，年少时候养成的性格，塑造、成就了她后来的人生轨迹。

然而，这种执着坚毅的性情并非与生俱来，也不是赵一曼生活的封建大家庭赋予她的，而是在反抗封建势力压迫的斗争中孕育的。赵一曼在一个非常保守传统的封建大家庭中成长，她有一个哥哥和五个姐姐，下面还有一个弟弟，家族庞大。赵一曼的父亲李鸿绪是清朝末年的一个监生，这个花钱捐来的功名只是为了保全家族颜面，李鸿绪并非醉心功名之人，他是一个传统的读书人。他日常非常喜爱读书钻研，后来自己学起了中医颇有心得，最终有所成。李鸿绪后来就给周围乡邻们免费看起病来，一个简单的药棚，却救了不少乡亲们的性命，李鸿绪的义举深受周围邻居们的好评。

从这些事中，可以看出李鸿绪并非一个专制的家长。由于祖上一直是地主，李鸿绪继承了殷实的家产，因此对于名利并不是十分执着。对家族中的一群孩子，他也考虑为他们的前途保驾护航。思来想去，他觉得还是要学习老祖宗的方法，为孩子们开设私塾。于是，他为家族中的十多个孩子聘请了一个私塾老师，在自己的宅子里办起了学堂。孩子们日日都要早起听老夫子讲书说理，接受传统的文化教育。当时的赵一曼还是一个懵懂无知的小孩，跟着哥哥姐姐一起，接受了传统文化最初的启蒙教育。她的学习能力很强，在很小的时候就已经能够背诵《三字经》《千家文》了，在私塾中学习传统经典也是游刃有余，老夫子十分喜爱这个聪明伶俐的小女孩。

如果不是处在那个动荡的年代，赵一曼有可能就这样一直过着安稳宁静的小姐生活，在阁楼中待到适嫁年龄，然后出嫁为人妻，过着传统妇女简单而重复的家庭生活。可是，命运的安排总是出人意料，改变了许多人的人生轨迹。由于时局混乱不堪，为了躲避各路兵马的杀伤和抢掠，李家私塾在一年后就停办了。在听课过程中学习欲望越来越浓厚的赵一曼，不得不跟着家族成员一起，开始了逃难避祸的生活。赵一曼的父亲李鸿绪选择的容身之所是他的岳丈家，也就是赵一曼的外公家。正是在这里，赵一曼遇到了改变她人生道路的灵魂导师——郑佑之。

郑佑之是赵一曼的大姐夫，也是四川宜宾人，在逃难的过程中遇到了赵一曼一家，共同在赵一曼的外公家落脚。大姐夫郑佑之是一个革命青年，他从小就表现优异，天资聪颖，在11岁就熟读各类经典。15岁的时候，胸怀远大的郑佑之考入宜宾高小学习西方文化，并开始接触民主革命思想，后来又逐步建立了自己的马克思主义信仰。同时他还参与组织各种社会运动，以实际行动改造社会，挽救国家危亡。1922年，郑佑之加入了中国共产党，负责在川南地区的党建工作。郑佑之后来成为了中共四川省委川南党组织的创建人，在川南地区开展无产阶级革命活动。他提出的许多关于农民问题的主张，切实维护了农民群体的利益，深受当地人民爱戴，被称为"川南农王"。

在赵一曼的外公家相遇之后，郑佑之与李鸿绪都觉得年轻人的学业不能荒废，须得有人继续来教他们。而郑佑之又是公认的博学多才，由他给弟妹们传授知识再合适不过了。于是，在李鸿绪等亲友的支持下，郑佑之开始组织创办新学堂。他通过各种途径招收当地青年前来报名就学，又亲自教学授课，就这样，一个小规模的新式学堂如火如荼地开学了。赵一曼当然不会错过任何学习知识、提升自我的机会，强烈的求知欲使她进步飞快，她从大姐夫郑佑之那里了解到的新思想、新理念使她对外面的世界充满了极大的渴望。大姐夫郑佑之特别欣赏认真勤奋的赵一曼，看她如此好学，便亲自教她学习语文和算术；他还在课余时间为她讲述课外丰富多彩的小知识，从天文地理到自然历史，赵一曼的好奇心似乎永远无法满足。一个滔滔不绝地讲，另一个全神贯注地听，两人聊得起劲，有的时候连饭都忘记吃。而大姐夫讲得越生动，赵一曼对大山外面的世界就越憧憬。

除了学习新知识，了解各地的风土人情，赵一曼还在郑佑之的影响下，开始接触革命思想。郑佑之渊博的学识以及独到的见解已让年少的赵一曼崇拜不已，更令她钦佩感叹的是郑佑之心怀天下的爱国之情。郑佑之时常给赵一曼讲述辛亥革命的故事，讲革命先驱为了改造旧中国义无反顾的事迹，他说："那些为革命抛头颅、洒热血的英雄真是令人敬佩呀！他们的大公无私、正义凛然正是我们这代人要学习的啊。我要以这些前辈为榜样，趁着年轻多为革命出力。"郑佑之讲的故事、说的想法，都深深地印在了赵一曼的心里。她在敬畏赞叹的同时，也暗暗种下了投身革命的梦想。什么时候，她才可以像那些革命者一样，凭一身所学改变这个黑暗残酷的世界呢？少年时期的赵一曼，渐渐有了模糊的答案与计划。

赵一曼的进步与觉悟让郑佑之十分欣慰，他从这个充满智慧与热情的妹妹身上，看到了她对社会的积极作用。为了帮助赵一曼树立清晰坚定的理想与信念，来日成为改造社会的栋梁之才，郑佑之还不时让她阅读《新青年》等进步刊物，希望她在不断提升理论认识的过程中，找到自身的目标与方向，寻求解放劳苦大众的道路。而这些对于当时的赵一曼来说，正如久旱逢甘霖，她疯狂地吸收着民主革命的新思想，学习科学的世

新　青　年

第　八　卷　　　　第　一　號

上海　新　青　年　社　印行

《新青年》杂志

界观和方法论。渐渐地，这艘在黑夜里渴望扬帆远航的小船找到了前行的指路明灯，开始向她的人生追求迈出了第一步。

然而，不幸突然袭来。赵一曼的父亲李鸿绪在她十三岁的时候病逝，父亲不在，长兄如父。赵一曼的大哥李席儒开始掌管家族，约束弟妹的言行。大哥李席儒年纪最长，接受的传统封建思想也最牢固，因此对于赵一曼的"出格"、"逾矩"十分不满。他觉得赵一曼没有一点儿大家闺秀该有的风度，反而总是干一些"离经叛道"的荒唐事，又不听兄嫂的管教，实在有违"妇道"。他对妹妹赵一曼说："你实在缺乏管教，以前父亲由着你，我却不能任你胡来。女儿家就要做女儿家该做的事情！"看到赵一曼时常翻阅那些进步书刊，言语中越来越"过分"，有时竟然口口声声说要打倒封建地主，指责兄嫂的专制保守，赵一曼的大哥十分生气。有一天，他趁着赵一曼外出不在家，把她平时翻阅的杂志书刊一把火烧了，以为这样就能清除妹妹脑子里的"歪理邪说"。赵一曼回来后发现此事，对大哥十分失望，她没想到自己的亲哥哥会不顾她的感受，如此粗暴地阻止她学习新思想。经过这件事，赵一曼越发感受到了封建家庭的愚昧与专制，感受到了旧社会对妇女深深的压迫与残害。她的内心萌生了解放妇女、与剥削阶级决裂的想法，于是，实现自我价值的强烈愿望与改变现状的迫切心情碰撞在一起，赵一曼的抗争之心被激发了，她开始了解放妇女、改造社会的初步探索。

赵一曼开始在家乡的妇女群体中积极活动，给她们讲解男女平等、人生而自由的民主思想。她鼓励身边的妇女同胞摆脱封建思想的束缚，放足劳动、参加学校、走进工厂，自己掌控自己的人生。她还劝说妇女们起来抗争，拒绝社会上的歧视与不公，为自己谋福利争权益。与此同时，她还在闲暇时间自学，努力丰富自己的知识水平和理论水平，以求早日树立起坚定的信仰。赵一曼的良师益友郑佑之在这过程中也热心帮助她，通过寄赠书刊、书信交流的方式，协助赵一曼成长。赵一曼经常在信中提出自己在学习和实践过程中遇到的困惑和疑问，请求得到郑佑之的解答，郑佑之自然乐意看到年轻人敏而好学，对于赵一曼提出的问题，都给出自己的解释与说明，希望可以让赵一曼消除疑惑，不断进步。这对师徒都是热爱探讨研究的人，常常为了一个问题争论不休，来来往往好几封信只为把事情说明白。就是在这样的条件下，赵一曼逐渐了解了改造社会的方法与理念。

1923年，赵一曼在不懈努力下取得了飞速的进步，得到了当地团组织的认可，在郑佑之的支持帮助下，赵一曼加入了社会主义青年团，以一名光荣的共青团员的身份继续她的革命之路。与她同时期加入成都共青团组织的，还有后来成为中国人民解放军重要领导人的陈毅将军。

加入了中国社会主义青年团，赵一曼在思想上、学识上对自己的要求更高了。她认识到只有不断提高自身素养，才能适应革命运动对革命者的要求，才能更好地宣传无产阶级理论。强烈的求知欲使她不满足在家自学，赵一曼希望能到更大的世界学习本领。于是，她向兄嫂提出了要到县城读书的要求。可是，大哥竟然以女校"风气不好、女学生私自怀胎、师生关系混乱……"这些理由拒绝了赵一曼的请求，并警告她安分守己，不要自作主张。他对赵一曼说："一群女孩子聚在一起，哪里还会专心读书！净干一些不伦不类的事儿，败坏门风，我是万万不会同意你去女校读书的！你就在家老实待着。"大嫂也在一边帮腔道："是呀，还是安安分分地等着出嫁吧！"赵一曼听到大哥这番言论后十分伤心，想不到兄嫂竟然用如此冠冕堂皇的理由来阻止她求学，还把所有的过错都加在女学生身上，她说："女校发生的事儿，难道男人就没有责任吗？怎么能把责任都加在女学生身上，她们也是受害者呀！我是去学习的，没有你们讲的那些心思。"赵一曼义愤填膺地指责大哥的封建保守思想，批判这种封建家长的教育方式。

赵一曼的大哥大嫂看到这个"不服管"的妹妹如此泼辣出格，私下商量着要给赵一曼找一个"厉害"的男人嫁了，好管住她激烈的脾气。毕竟是当地的大户人家，长兄要给小妹招婿的消息一出，一些好事的媒婆纷纷上门撮合，东家长西家短，给赵一曼介绍了不少"合适"的人选。赵一曼看到这些无事献殷勤的媒婆，又生气又悲愤。她生气的是，大哥专制地强迫她嫁人，嫁的还是从未见过面的陌生男子，又有好事者上门说合；她悲愤的是，自己的婚姻竟不能自己做主，自己想要接受教育的诉求竟得不到满足，自己的人生竟要由这么多不相干的人左右！而他们干涉的理由又是那么荒唐可笑！赵一曼想，自己不能任由别人干涉自己的婚姻，走进婚姻的坟墓却毫无作为，她决心为自己的权利争取到底，绝不向命运低头。一天，又有媒婆上门说亲，满腔怒火的赵一曼一不做二不休割了一把藿麻，指着媒婆说道："你若是再来多管闲事，我就用藿麻收拾你！这儿没有人要你帮我说亲！"那婆子没想到大户人家的小姐如此厉害，说媒的事儿一个字也不敢提，吓得立马抬脚走人。此事一出，再也没有媒婆上门来给赵一曼说亲了。

虽然为自己争取到了婚姻的自主权，但是赵一曼希望上学的诉求仍然没有获得兄嫂的准许。对于来自封建家庭的束缚与压迫，她感到十分苦闷烦恼，如何才能说服兄嫂呢？在走投无路的情况下，热爱阅读报刊的她想到了通过发表文章的方式求助大众，希望能引起大家的关注，进而有人愿意出主意指引她一条明路，助她早日摆脱困顿的处境。1924年8月6日，赵一曼用"李一超"的笔名在《妇女周刊》上发表文章《被兄嫂剥夺求学权利的我》，申诉自己遭受的不公待遇，表达自己内心的痛苦，请求广大读者的帮助。她的文章发表之后，得到了广大青年的声援，反响热烈。

在报纸上发表文章之后，赵一曼收到了很多鼓励她、支持她的信件。一些读者看了她的文章后深为所动，纷纷支持她坚持自

新文化运动主将胡适

己的追求和目标，与封建家庭彻底决裂，走自我解放的道路。赵一曼看了以后深受鼓舞，更加认定自己选择的方向是正确的了。虽然大哥大嫂不同意她到县城就读女子高中，但是赵一曼没有打算放弃自己的理想。她以前所未有的热情投入到了妇女解放组织的宣传中，除了平日在家自学之外，赵一曼把剩余全部的时间和精力都放在了妇女群众团体的组建上。在这个过程中，赵一曼又接受了上级团组织的一项任务——在当地建立团的组织，宣传无产阶级理论和科学社会主义，发动群众工作。

为了使当地群众更好地了解中国共产党和中国社会主义青年团，赵一曼不时在群众中做演讲，详细向他们讲解党的主张。有时她会遭到人们的误解与反对，一些保守的老人还会指责她"妖言惑众"，让她闭嘴离开。然而赵一曼都没有放弃，而是耐心解释，详细讲说，尽自己最大的努力让大家相信党的理论与主张，把更多的人民群众特别是年轻人争取过来。在赵一曼的沟通宣传下，白花场于1925年10月26日成立了团支部，由赵一曼担任团支部书记。有了团支部的支持和领导，妇女群众团体的组建工作变得更加顺利，妇女们看到赵一曼组织起团支部，又把团支部领导得井井有条，整个团体的活动越来越丰富有意义，对赵一曼的信任与认可也与日俱增。12月23日，白花场妇女解放同盟会成立大会隆重召开，当时在赵一曼的影响下，二姐李坤杰已经加入了白花场团支部，妇女解放同盟会成立时，赵一曼找来自己的二姐担任会长，带领姐妹们争取权利、争取解放。而自己则为大会做文书工作，负责处理大会的日常琐事。

白花场妇女解放同盟会成立后，赵一曼深感使命重大。她时常在思考同盟会建立以后，能够为当地的妇女同胞们做点什么，怎样才能帮助她们获得新生？为此，她经常与她们谈心交流，了解她们的需求与困难，努力帮助她们解决生活中、思想上的问题，使她们能够早日摆脱封建思想的束缚，早日得到身心的解放。在谈论的过程中，姐妹们大部分都提出了一个期望，那就是渴望能够有一个学习文化知识的场所，好让她们拥有自我成长的能力。赵一曼在了解了大家的需求后，积极组织人员准备创建义务学校，她找来帮手当老师，筹划上课场地，动员妇女们主动接受教育……终于，在她的带领下，白花场人民有了属于自己的学校，不论是妇女还是儿童，只要内心有强烈的学习愿望，就可以免费到这所义务学校上课学习。老师们也非常热心善良，义务到学校为前来听课的"同学们"讲课。由于大家的专长不同，在学校的同学们有时候会互相当起老师来，给其他同学讲解自己了解的知识，大家互帮互助，各展所长，共同进步。除了创建义务学校，赵一曼还为广大妇女同胞解决了许多实际困难，妇女会为她们组织了很多有意义的活动，这种积极为群众办事的态度受到了女同胞们的热烈拥护。久而久之，在赵一曼的精心组织下，义务学校与妇女同盟会越办越好，大家的思想解放了，觉悟提高了。

在积极参与团支部、妇女会活动的同时，赵一曼仍不忘自己求学的要求与反抗不公的命运。她一而再再而三地向兄嫂提出进女校求学的要求，无奈大哥大嫂对她的诉求置之不理，反而对赵一曼在团支部与妇女会的活动深感不满，觉得她是"胡闹"、"不安分"。看到赵一曼在家里自学革命理论，大哥李席儒更是怒不可遏，觉得她做出这些事来就是因为学习了那些"不正经"的东西。有一天，大哥看到赵一曼又在研究那些"胡说八道"的主张，不由得怒从心头起，他一把夺过赵一曼手中的书刊，把它们一股脑儿地丢了出去，还把赵一曼关在家里，不让她出去主持团支部的活动。赵一曼对大哥的举动感到很心寒，她觉得自己在这个"格格不入"家庭里实在太过拘束，连做自己喜欢的事情的自由都被剥夺，实在让人压抑痛苦，而浓厚的封建思想氛围更是让她绝望。

赵一曼日日都在思索该如何摆脱当时的困境，难道真的要向封建势力妥协低头？难道要像那些闺阁女子那样一辈子生活在深宅大院中？不！她由衷地发出了呐喊，她绝不能让自己生活暗无天日，她不能放弃自己的主义、信仰，她更不能抛弃妇女会的同志们！在听到内心的声音之后，赵一曼知道唯一的出路只有离开，离开这个专制无理的家庭。于是，她开始寻求机会出走。终于，功夫不负有心人，机会出现了。1926年春节刚过，有一天兄嫂有事外出，家中没人注意，在二姐李坤杰的掩护下，赵一曼趁机逃出了那个封建牢笼，前往宜宾县城求学。

临别的时候，二姐李坤杰坚持要送她一程，刚要帮她拎行李，她却拒绝了。她对二姐说："往后的路很艰难，我得尽早习惯，以后不管发生什么，我一个人都会挺住！妇女会和团支部的工作就靠二姐了。"于是在告别了二姐之后，赵一曼就这样一个人毅然决然地踏上了求学之路。

从此，赵一曼开始了一段全新的人生旅程。

二、不断深造，历练有成

从白花场的家里逃出来以后，赵一曼孤身一人来到了宜宾县城。

站在宜宾女子中学的门口，赵一曼的心情许久不能平静。这个她日思夜想的地方，此刻，她觉得自己离它是这么近，仿佛她闯过千难万险，终于来到了梦想的门口；可是，想到未来前路不可知，赵一曼觉得它又是那么遥远，自己应该怎样才能如愿以偿进入女校学习呢？

赵一曼想到了求助宜宾地区的党组织。经过多方打听，赵一曼辗转来到了宜宾县武庙街角的郑家大院，而这里，正是宜宾地委机关所在地。赵一曼找到组织后，向地委的同志反映了自己的情况，地委的同志了解后，非常赞赏她敢于冲破封建阻碍、寻求自我发展的勇气，对于赵一曼想要上学学习的要求更是大加鼓励，他们帮助赵一曼联系到了当地的团组织和一些进步团员，要求她们帮助赵一曼同志完成上学的心愿。赵一曼心里的石头总算落地了，在宜宾团组织的支持下，赵一曼开始准备宜宾女子中学的入学考试。

由于在家时受到大哥和大嫂的阻拦，赵一曼的自学成果并不显著。而她又将更多的精力放在了团支部和妇女同盟会的组织和日常工作上，因此她的功课也或多或少地停滞了。进入高中的入学考试并不是轻而易举就能通过的，赵一曼在平时复习的时候总是觉得有些吃力，似乎很多知识都不如当初那般熟练掌握了。虽然自己一直在暗暗用功，但还是有不少问题无力解决，毕竟她离开正规学堂很长一段时间了。眼看考试日期近在眼前，自己却还有很多知识点没有复习，赵一曼心急如焚，时常不顾吃饭睡觉的时间，躲在房间里，紧锁眉头思考问题。团员郑秀石、郑奂如两姐妹从小生活在郑家大院，看到这个清秀果敢的大姐姐有困难，主动敲开了赵一曼的房门，提出要为她补习国文、数学两个科目。赵一曼对郑家姐妹的出现深为感动，她们姐妹俩虽然社会经历没有赵一曼丰富，但已经进入女校学习了一段时间，很多知识都已经有所了解，所以，她们的出现，解决了赵一曼的燃眉之急，很多不得要领的难点经过她们的提醒点拨都豁然开朗。渐渐地，赵一曼摸清了各种习题的套路，对于理论的分析也头头是道。在一次次的练习改正中，赵一曼的信心也逐步建立起来了，她多解决一个不懂的问题，心里的把握也就多一分。等到正式考试那一天，她已经是成竹在胸了。1926年2月28日，在赵一曼离开家不到一个月的时候，她顺利考入宜宾女子中学学习。从那以后，她开始了追逐自己梦想的过程——为把自身培养成有利于社会的人才而努力学习，为解放劳苦大众特别是妇女同胞而不懈抗争。

年轻的赵一曼知道，自己的能力还有很多不足，她必须尽快地把自己历练成为一个出色的革命者。熟悉无产阶级革命理论的赵一曼知道，最好的老师在生活实践中，因此她开始了自己的历练之旅。赵一曼要在生活中积累斗争经验，积累工作经历，把自己锻炼成一名更加有用的革命人才。从妇女解放工作到领导学生运动，赵一曼一直在尝试摸索，在一次次斗争中愈发成熟起来。

进入女校学习后，赵一曼就如同鱼儿游到了广阔的大海，她感觉到自己可以做的事太多太多，心中充满了大干一场的强烈愿望。赵一曼一边如饥似渴地吸收新鲜的知识内容，一边仍不忘及时了解无产阶级革命理论和妇女解放的思想动态。她几乎每天都会翻阅《妇女周报》《向导》等进步书刊，好让自己的思想觉悟及时跟上时代的步伐，得到正确方法论的指导。一天，她正在津津有味地阅读一篇关于妇女解放的社论，一旁的同学好奇地凑了过来："看什么呢？"赵一曼看到同学兴趣浓厚，就索性把自己的杂志送给她看，没想到那个同学看了以后深为所动，时常向赵一曼借阅书刊。看完文章之后，赵一曼还给那个同学补充了很多关于革命、解放、自由的理论知识，说到兴奋之处，还引来了其他同学的关注。渐渐地，赵一曼不仅成为了那个同学的好朋友，更成为她思想上的引路人。当然，她们也有意见不合的时候，有几次甚至为了一个观点争得面红耳赤，不过，赵一曼总是有办法来说服自己的朋友，她会摆出一系列具体事实来说明自鸦片战争以来中国积贫积弱的现状，指出封建社会的落后与愚昧，引导同伴摆脱封建思想的束缚，宣传共产主义解放中国的理论。同学们看到两人这么投入，纷纷围上前来听她们讨论。赵一曼由于在白花场团支部和妇女解放同盟会积累了丰富的社会经验，往往总是讲得多一些，同学们觉得她认识深刻，见解独到，也愿意听赵一曼讲话。久而久之，就变成了大家听赵一曼讲她所信仰的革命理论，讲她对于中国社会的看法，讲她在妇女解放同盟会的工作经历。这些同学平时从来没有机会深入了解的主张见闻，通过赵一曼的讲解，潜移默化地印在了她们的脑海里。渐渐地，同学们也有了解放自我、争取自由的意识。在女子中学学习期间，同学们在思想上不断向赵一曼靠拢，她的真知灼见扫清了很多同学的疑问与困惑，对她们的觉悟进步发挥了重要的引导作用。等到女中学代会召开之际，赵一曼已经获得了大部分同学们的信任，大家都觉得这个有理想有信仰的姑娘值得信赖，最终，赵一曼凭借出色的沟通与领导能力成功地当选了该校学生会常委、交际股股长。

赵一曼当上了学生会常委、交际股股长之后，深深感到自己不能辜负同学们对自己的信任。一想到大家如此真诚地相信她，除了感动之余，赵一曼更觉得责任重大。经过长时间的观察，赵一曼发现，女子中学学生会的日常运行机制并不十分完善，很多同学反映的问题都不能及时得到反馈和解决，这样就不能实现学生会"服务广大同学"的承诺，也不利于学生会的长期发展。于是，赵一曼结合自己在白花场团支部工作的经验，向常委会提出了自己的改组建议。常委会经过讨论，同意调整部门定位与人员布置，以便更高效地解决同学们的各种困难。经过调整的学生会，工作态度积极了，解决实事的能力提高了，为同学们提供的活动丰富了，得到的好评增多了。这些进步让赵一曼稍稍松了一口气，仿佛不这样，就对不起同学们选举她为常委时的一张张选票。

除了摸索让学生会更好发展的路子，赵一曼还时常思考妇女工作要如何开展。特别是自己所就读的是一所女子中学，这里的学生们都是接受文化教育的新女性，如何让她们从思想上认识到男女平等的意义，更好地发挥新女性的优势，是赵一曼要挑战的任务。为此，赵一曼再次向学生会常委会提交了自己的建议——加强学生会在领导妇女同胞解放方面的工作，领导全校女学生走上为自身权益斗争之路。当时的学生会虽然对赵一曼的提案表示十分赞同，但是她们缺少在这方面的理论指导与工作经验，很多工作的开展都十分困难。眼看着妇女工作的计划就要变成毫无实质的一纸空文，赵一曼决定带头开展学生会的妇女工作。她常常在学校广场举行演讲，为同学们讲解妇女解放的革命理论，鼓励大家为了自己的命运抗争到底，做一个不输给男子的人才。有的时候赵一曼为了让自己的演讲更生动有力，常常一个人偷偷熬到深夜准备讲稿。一句话删了又改，改了又删，就为了精准地表达出革命人的信念与追求。不论熬到多晚，每次演讲前赵一曼都精神抖擞地拿着那叠厚厚的讲稿上台，用最热烈的激情表达自己的主张。在赵一曼的努力下，有更多人了解了妇女解放的意义，为了把握自身命运、做自己的主人，很多女学生都开始学习革命思想，传播进步理论。学生会把这些追求进步的女学生集中起来，组成讨论会，大家相互督促相互影响，不断提升理论水平；这些人还自发地组织起来为广大女同学解决困难，举行各种有意义的文化活动，好让大家共同进步。

看到大家互帮互助的情形，赵一曼不由得想起了在白花场参与妇女解放同盟会工作的情况。回想过去，自己还是略带青涩，很多问题还要依靠组织和同志。而现在，她终于可以凭借自己的力量帮助更多的妇女同胞，她为自己战胜了挑战而感到欣慰。赵一曼越来越坚信，自己当初的选择是正确的了。

时间过得飞快，转眼间赵一曼已在女校学习、工作将近两个月。那年的五月四日，为了纪念五四运动，宜宾县学联召开了改组会议，赵一曼由于平时学生工作的突出表现，被女校派出参加学联会议。她在会议上积极发言，主张男女平等、解放妇女，受到了热烈的回应。那个挥着拳头说要解放全中国妇女的小姑娘让所有参会学生都印象深刻，会后，赵一曼成为了宜宾学联常委会常委，鉴于她出色的社会工作经验，学联让她分管了宣传工作。这项工作让赵一曼大为兴奋，她一回到学校就开始筹划如何具体落实学联的宣传活动，她还想到了在宣传内容中增加一块妇女解放的内容，这样可以让更多的女性接受新思想、新观念。一想到这儿，赵一曼就激动不已，恨不得一天多出十二个小时，好让她做更多的工作。这时的她，已经变得成熟干练、充满斗志，妇女工作的开展对于她来说不仅仅是熟门熟路的事业，更是她成就自己梦想的沃土。1926年，宜宾县组织的妇女联合会成立，赵一曼成为了妇联常委会主席，负责主持妇联的日常工作。在赵一曼看来，这是对她长期在妇女工作方面付出的努力的巨大肯定，也是组织对她工作态度和革命信仰的无比信任。解放所有受苦受难的妇女同胞是赵一曼一直不懈奋斗的目标，而如今，她离这个目标更近了一步。

当时年仅21岁的赵一曼显示出了超乎常人的成熟与稳重，她像一个饱经历练的匠人，娴熟地运用着自己的技术，创造出一件件令人满意的作品。在妇联的经历使赵一曼的工作能力进一步加强了，对于妇联的日常活动她已经可以做到独当一面。而让她欣喜的是，自己在妇联接触了更多有觉悟有作为的同志，在日常跟大家聊天交流的过程中，赵一曼学习到了很多无产阶级革命理论的新见解新主张。这些新学说勾起了赵一曼浓厚的学习欲望，而在工作中遇到的前辈们更是让赵一曼敬佩不已，她时常向他们请教问题，从他们参与的革命斗争到加入党组织后的成长，赵一曼都感兴趣，都迫不及待地想要了解。时间越长，她心中想要向他们靠近的愿望越强烈，对于马克思主义的信仰日益坚定更是让她的战斗热情高涨。赵一曼很想加入他们，成为其中的一员，用更高的标准要求自己，到更广阔的天地中去帮助更多贫苦的人，去践行自己的理想。有两位党员同志看到这位年轻的小姑娘这么积极，便鼓励她递交入党申请书，还同意当她的入党介绍人。得到前辈鼓励的赵一曼十分高兴，回去就开始写自己的入党申请书，谈及自己的入党原因时，赵一曼越写越激动，热情澎湃地写了好几页纸。第二天一早，赵一曼就郑重其事地向组织递交了自己的入党申请书。那是1926年夏天，当时的宜宾地区正好在筹建中国共产党组织，于是在宜宾地委的基础上，成立了中共宜宾特别支部，决定吸纳部分团员成为党员。组织上看到赵一曼如此积极向党组织靠拢，又有出色的工作表现，便同意了赵一曼的入党请求。从那一刻开始，赵一曼成为了一名光荣的共产党员，以全新的身份继续奋斗在追求光明的道路上。她觉得自己的锻炼终于有了成果，她终于能够以一名共产党员的身份开展革命斗争。如同一个孩子终于盼来了成年之礼，赵一曼终于等来了她在革命道路上的"成年之礼"，她心里有说不出的自豪，还有深深的使命感、责任感。很快，她的热情就有了用武之地。

20世纪20年代，虽然世道动乱不安，但商人们从来没有停

中国共产党第一次全国代表大会会址

止追逐利益的活动，他们依旧想尽办法进货出货，在脆弱的国民经济体系中尽可能地维持生存。然而，有些商人却忘了古人"君子爱财，取之有道"的教诲，不择手段地牟取暴利。他们大发国难财，与政府官员、外国人勾结，打击民族企业生产的国货，逃避税收，并且榨取贫困人民的血汗钱，最终大量的金钱都落入他们的口袋。当时一个码头上来来往往的船只中，不知有多少在运送着那些"吸血鬼"的货物。对于这些人，老百姓深受其害却又无计可施，只能任由他们官商勾结，吸取民脂民膏。中国共产党成立后，在各个领域开展了斗争，其中一项工作就是打击不法商贩，维护工农利益。赵一曼当时在四川宜宾进行党的工作，也接到了这项任务，她的使命就是发动广大爱国学生，反对洋货入市，给政府和商家施压。赵一曼带领学生举行了多次游行示威，抵制洋货的工作取得了一定进展。

1926年5月底的一天，宜宾码头乌云压城，来往货船不断，船夫要趁着大雨还未到来时让船靠岸，以便保护货物不被淋坏。当地富商李伯衡站在码头上，远远望着自己的货船从重庆方向驶来，心里盘算着这一次下来自己能收入多少。他做的是贩运生意，虽然很多公司都在做，但他从来不担心自己的货物卖不出去，他只需关心收成是多是少。这一次，他运送的是从英国来的煤油，英国人还特意用英国商船帮他运送这批货物，他又花了大价钱买通了政府方面，可以说，只要他的货一上岸，就是源源不断的利润。一想到这里，李伯衡不由心里暗暗偷笑，现在唯一要做的，就是等船靠岸卸货。然而船还没靠岸，天就下起瓢泼大雨来。不一会儿，路口涌来乌压压的一群人，口里喊着"抵制仇货"，李伯衡还没弄清楚是怎么回事儿，就看见一群湿透了衣服的学生来到岸边，朝着自己家的货船丢石头，这些石头伴着雨水纷纷落下，吓得船上的工人不敢靠岸。李伯衡在这群学生中，认出了为首的女学生赵一曼。早就听闻这个女学生是有名的"革命派"，出了名的泼辣，李伯衡心想："再厉害也不过是个女娃，想跟身经百战的老子斗，还嫩了点儿！"他打量学生们大约是反感这英国籍的货船，于是命人找来几艘小船，想要卸货上岸。谁知他的计谋被眼尖心细的赵一曼发现了，她大声指出："他们要装小船！快阻止他们！"同学们听到赵一曼这样说，立马鼓动受尽资本家剥削折磨的搬运工人，跟他们一起把油桶扔到江里。李伯衡看到一桶桶的煤油沉入河底，心里又怒又气，这时他想到了曾经买通的城防司令辜勉之，想用对方手里的兵来迅速解决这些"麻烦"。

辜勉之听闻有学生闹事，二话不说带兵前来"镇压"，赶走了赵一曼和学生们。为了堵住社会各界的嘴，他还冠冕堂皇以"调节"的名义要各界代表谈判，谁知代表刚进屋，辜勉之派人关上门，用兵扣押了各界代表。辜勉之天真地以为只要用武力挟持各界代表，就能让那些"不安分"的人闭上嘴巴。谁知事情一出，群众都看清了辜勉之的反动面目，都知道他与外国人勾结，从中牟取私利。辜勉之的行为引起了当地各界群众的不满。为了动员全市性的群众反抗，当地党团领导小组决定派赵一曼带领学生们上街游行示威，以此鼓动其他群众声援她们的示威活动。赵一曼不负众望，用实际行动感染了很多群众，人们纷纷加入到了爱国学生的游行抗议队伍中。一时间，整个宜宾县城的广大人民都义愤填膺，工人罢工，教师罢课，她们为代表们争取自由，就是在为自己争取民主权利。为了支持赵一曼她们的爱国斗争活动，宜宾学联还致信省学联、全国学联向他们请求支援，于是越来越多的人知道了爱国学生们的处境，全国各界人士纷纷声援爱国青年的斗争。看到舆论都倒向了学生，辜勉之迫于压力，只好释放了被他强制扣留的各界代表，并把李伯衡剩余的煤油按照正常价格卖出。整件事情有了一个初步结果，赵一曼她们的反抗也有了回报。

这一切要归功于赵一曼和上级党组织的精心布置。在李伯衡的船只进入宜宾时，宜宾党组织就已经打探到船上的货物是煤油。李伯衡这个大奸商平日里干的那些勾当本就令人愤慨，时值五卅运动一周年，人民群众的反帝情绪正是激烈，而李伯衡却与外国人勾结，意图剥削宜宾人民的血汗钱，这怎么能忍？于是，在装有煤油的英国货船快要靠岸之时，赵一曼带着爱国学生们冒雨赶往码头，为的就是阻止奸商的阴谋得逞，让大家看清他的丑恶嘴脸。让赵一曼她们想不到的是，李伯衡居然会找来辜勉之，还扣押了社会各界的代表们，好在通过大众的共同努力，辜勉之不得不作出让步。在这一次与恶势力面对面对抗的过程中，赵一曼看到了群众的觉醒与力量，看到了反动派的卑鄙与残忍，积累了一次宝贵的经验。

然而，反动集团的残忍卑鄙还远不止此。前一次煤油事件让李伯衡以及他背后的辜勉之怀恨在心，总想着要施行报复。若说报复，他们最痛恨的应该就是以赵一曼为首的学生们，一个小姑娘搞出这么多事，害得他们损失一大笔钱财，又在民众面前丢了面子，如此不堪的事情让他们越想越生气，非要想出一个对策来整整那群不知好歹的学生。于是，他们勾结当局，以"聚众闹事"的罪名下令开除女校以赵一曼为首的十三位学生。听到这个消息之后，赵一曼怒不可遏，她没想到政府会如此无耻地迫害学生，为了回击恶势力的迫害，赵一曼接受了组织给她的任务——带领学校学生集体退学以示抗议。在赵一曼的鼓动下，同学们纷纷加入了"退学团"，以示自己斗争到底的决心。赵一曼带着同学们走上街头，散发传单，当街演讲，向群众讲述当局迫害进步青年的恶行，揭露当局的肮脏行径。

"退学团"的同学们退学示威后，党组织为她们找了一所新学校安置她们。那是一所国共两党合作成立的新式学校，主要归属在两党合作成立的国民党县党部名下，作为国共合作的一种新形式，为了纪念中国革命的先行者——孙中山先生，党部决议将学校的名字定为中山中学，新学校的校址定在宜宾城的将军祠。就这样，赵一曼和她的同学们进入了中山中学女生部学习，有了新的上课和活动场所。然而临时成立的学校并不完善，很多课程都与女中教授的大同小异，当时国民大革命正如火如荼地在全国展开，赵一曼希望可以学习到自己并不熟悉的军事政治理论，以便更好地投身革命的大潮，只可惜中山中学仍是一般性的教育学校，不能满足赵一曼的需求。

一天早晨，一同在团组织工作的同志来到了赵一曼的宿舍，带来了一个令人欣喜的好消息。原来，随着大革命的势头越来越好，国共两党都深深地感觉到了对军事人才的渴求，为了给革命培养更多的有用人才，国民政府决定在武汉设立黄埔军校的分校，正在招收学员。赵一曼听闻这个消息高兴地跳了起来，一想到自己可以学习军事政治理论，她恨不得马上拿起书包去报考。可是转念一想，她又踌躇起来：自古以来的人们都认为扛枪打仗是男人的事，女人不需要参与，万一学校不招收女学生，她该怎么办呢？前来通知消息的同志看出来赵一曼的担忧，告诉她武汉的军事政治学校并没有重男轻女的偏见，只要是有志于为革命贡献力量的青年，都可以报考该学校。更重要的是，组织上为了培养赵一曼，也鼓励她去报考军校，不断提高理论和军事水平。

准备入学考试本就是一件耗费心神的事儿，谁知赵一曼还得了肺病。她原来身体就比较虚弱，还在抵制李伯衡时淋了雨，本来以为是感冒，在入秋之后变成了断断续续的咳嗽。期间还被学校勒令退学，为了反抗不公待遇，赵一曼又奔走在街头巷尾做工作，等到准备入学考试时已近冬天，赵

广东学生军准备北伐

一曼的病依旧不见好转，医生给的诊断是肺病，要她注意休息、悉心调理。可是，学是一定要上的啊，她不能放弃自己一直以来坚持的追求与信仰，不能让自己错过这个大好机会。如果不去学习军事政治的知识，如何适应革命的需要？没有成熟的马克思主义观念，怎么做群众的工作？赵一曼心想，不能把生病当成一件与上学对立的事，考试她仍旧要参加而且要通过。为了不让自己的身体成为复习备考的阻碍，赵一曼积极配合治疗，并且保持一个乐观从容的心态，渐渐地控制住了病情，也有了精力复习考试。

最终，赵一曼还是用她坚持不懈的付出得到了入学机会，1927年1月，她成为了武汉黄埔军校政治大队的一名女学员，前往武汉开始了全新的学习生活。在军校的学习不比往常，除了严苛的训练，还有大量的军事理论、政治学说要学习领悟，赵一曼的学习欲望又一次被勾起了。全新的学习内容使她重新沉醉于书本，对于马列主义也有了更全面成熟的把握。赵一曼从心底觉得自己是一名彻底的共产党员了，她有了丰富的斗争经历，也有了坚定的信仰，对未来自己的革命事业充满了信心和期待。

正打算要大干一场的赵一曼，却在学校又一次病倒了。春季气候反复，加上军校繁重的学习任务，她的肺病再一次复发，一开始她还硬撑着，谁知到了后来根本没办法上课学习，学校见她这个样子，便派人送她去医院治疗。在医院休养的日

黄埔军校武汉分校

子百无聊赖，赵一曼只好找些报纸杂志打发时间，正好可以了解外面的革命形势。一天，赵一曼如往常一样打开报纸，谁知看到了刺眼的标题——蒋介石叛变革命。她带着震惊与怀疑，读完了报道，文章说蒋介石下令追捕共产党人，宁可错杀一千，不可逃脱一人；文章还说自己的很多同志已经牺牲了，还有不少无辜的百姓也受到了牵连；文章说轰轰烈烈的大革命"流产"了……赵一曼躺在病床上，脑中反复回想着整篇报道，她不敢相信，蒋介石竟然在一夜之间翻脸、挥刀相向，前景大好的大革命就这样失败了。赵一曼越想越愤怒，她要做点儿什么！于是，赵一曼脱掉病号服，火速回到了学校，同学们显然也因为这件事愤愤不平，一个朋友告诉她，学校有人组织了独立师学生兵团，讨伐国民党叛军，为首的叫叶挺。赵一曼听说后，二话不说加入了学生兵团，开赴前线痛击叛军，在同学们的奋力抗争下，独立师制服了叛乱分子。然而，大环境却不断恶化，蒋介石的白色恐怖仍在不断蔓延，接着汪精卫又策划了"七一五"政变，国共两党关系全面破裂，不少共产党人都离开了原先国共合作的组织机构，在武汉的军事学校也被迫停办了。赵一曼因为自己的病情，被党组织安排到上海躲避养病，同时进行秘密工作。

蒋介石和汪精卫的叛变，使得中国共产党充分认识到了拥有独立武装的重要性，为了壮大中国共产党的实力，党中央决心培养一批属于自己的军事政治干部，为日益严峻的革命斗争

叶挺将军

"四一二"反革命政变后，国民党军
事委员会成员集体拜谒中山陵

提供支持。1927年9月，有一定军事政治基础的赵一曼被党组织派往莫斯科中山大学，进一步学习军事理论和马列主义理论。于是，病势稍见好转的赵一曼，踏上了北上苏联的航船，离开了内忧外患的中国，去寻找拯救她的办法。

三、只身回国，北上抗日

1927年秋，上海港船只往来，络绎不绝。一艘外表普通的客轮从上海港口驶出，缓缓朝着北方前行。细心的乘客会发现，在这艘船的乘客中混有四十多名青年，他们行事低调，从不参与船上的娱乐活动，其他乘客只能看到他们不时地低声交谈，有的时候虽然激动得面色发红，但依然声音不高。他们眼神暗沉，仿佛受了什么沉重的打击，一些老人甚至以为他们是创业失败的小青年。这群身份不明的人，有着共同的身份和使命，他们其实是前往苏联学习进修的共产党员，为了不暴露身份招来杀身之祸，他们日日夜夜都小心行事，不敢因为自己的疏忽害了同志。此行的目的是去莫斯科中山大学学习军事政治理论，为组织工作准备人才。赵一曼就是其中的一员，坐在开往苏联的轮船上，她心事满怀，抑郁难舒。想到当前中国的形势混乱不堪，共产党人的理想受到了史无前例的挫折，社会解放的进程阻滞不前，赵一曼的心里仿佛压着一块大石头，郁郁

莫斯科中山大学

难平。仿佛过去的所有努力都被黑夜遮盖了，她想呐喊想诉说，可却不得不继续在黑夜里安静地前行。过度的忧思使赵一曼的病情反复，颠簸的旅途更让她的身体深感不适。在前往苏联的旅程中，赵一曼时常一整天都歪在床上，胡思乱想。她早已无心玩乐，吵闹的娱乐声只让她觉得刺耳，灯红酒绿也让她觉得反感。她只是安静地等待到达目的地的日子，在这日复一日的沉寂中，突然有一天，她发现一个青年同志经常出现在她的生活中：这个人或是询问她身体的情况，或是与她谈论共产主义的主张，或是跟她闲聊武汉的风土人情……他就是负责带领赵一曼所在小组的组长陈达邦。组织上为了党员们在国外相互照应，给这四十多名党员分了几个小组，由成熟稳重的党员担任组长来照顾组员。受到陈达邦照顾的赵一曼十分感激他的出手相助，到了莫斯科之后，两人的交流更多了。陈达邦的外语能力比较好，经常帮助赵一曼学习俄语以便尽早适应在国外的生活。他和赵一曼两人潜心修习。课余时间他们会一起在中山大学的林荫道上散步，交换思想心得，谈论人生理想。共同的信仰与理念拉近了两个人的距离，渐渐地，两人之间萌生了爱情，有了结婚生活的念头。来到莫斯科的第二年春天，他们向组织报告了结为革命伴侣的请求，得到了组织的支持。为了纪念他们结婚的重要日子，陈达邦送给赵一曼一只怀表当做定情信物。从此，赵一曼的人生中多了一位同甘共苦的战友与爱人。

结婚不久后，赵一曼就怀孕了。莫斯科寒冷的天气加上她一直没有痊愈的肺病，使她怀孕的过程尤为辛苦。听说国内工作需要女干部，赵一曼和丈夫陈达邦商量后，决定让赵一曼回国工作，离开莫斯科艰苦的环境。组织上考虑了赵一曼的情况后，同意她先回国，到湖北宜昌建立中共秘密联络站，和那里的同志一起工作。回国后的赵一曼辗转来到了湖北宜昌，着手建立联络站，为进出四川的共产党员做掩护，保护党员同志们的生命安全。

然而赵一曼回国后的生活并不好过，在她这一阶段的人生中，命运似乎一直在跟她开玩笑。到宜昌的第二年，她的月份越来越大，眼看就要临盆。赵一曼借宿的房东太太见她在床上痛苦呻吟，便知道这个外乡女人要生了。房东太太急忙忙地翻出赵一曼的行李丢在她身上，让她立马走人，看赵一曼躺在床上不起身，她就上前拉着赵一曼出门，一边拉还一边抱怨："不知道哪儿来的野孩子，在哪儿怀的就上哪儿生去！别来晦气我们家！"那女人又絮絮叨叨地扯出赵一曼拖欠房租、行事诡异等诸多"不满"，越说越生气，连拉带扯把赵一曼赶出了门。此时的赵一曼身无分文，又即将临盆，只能任由房东太太将自己扫地出门。她躺着路边疼痛难忍却又无可奈何，眼看孩子就要生在大路上。这时，一个码头工人认出了赵一曼，知道她是帮助工人的好人，就把赵一曼接到自己家中，又喊来自己的妻子为赵一曼接生。经过漫长的一夜煎熬，1929年2月1日，

20世纪20年代的莫斯科

赵一曼生下了一个男孩儿，精疲力尽的她躺在工人家中，看着自己苦命的孩子，从不落泪的她终于忍不住哭了出来。想起前一天惊险万分的情况，赵一曼仍心有余悸，她害怕自己不能好好地保护她与丈夫最爱的孩子，不能成为一个尽责的母亲。想着前路坎坷未知，她给儿子取了一个小名"宁儿"，但愿他往后的生活安宁幸福。至于孩子的大名，赵一曼有自己的打算，她想等到有一天自己与丈夫重逢了，两人一起给孩子取名字。她也许从来没有想到，1928年年底她离开莫斯科的那一刹那，自己与丈夫竟已永别！

除了怀孕分娩时的艰辛，考验赵一曼的还有工作上的危险。1929年初，刚刚生下孩子的赵一曼还在工人同志家里坐月子，谁知道联络站的同志神色慌张地跑进来，二话不说进门就给赵一曼收拾行装，一边收拾衣服，一边快速跟赵一曼报告："李姐，咱们中间出了叛徒，联络站已经暴露了，趁着他们还没找来，你赶紧带着孩子撤退！我们已经跟上海的同志联络好了。"听到这番话，赵一曼的心凉了半截，自己辛苦建立的联络站，竟然付诸流水！如今，她只好带着孩子乘船逃往上海。

到了上海的赵一曼一边照料乳儿，一边参与党组织给她安排的工作。鉴于她的身体状况以及孩子实在太年幼，组织上安排她前往江西南昌的中共江西省委工作，方便她在后方照顾孩子。赵一曼十分感激组织的安排，在上海收拾妥当之后她立刻动身前往南昌。当了母亲的赵一曼，更感身上的责任之大，她要为她的儿子树立一个好榜样，使他长大以后成为一个对国家对社会有用的人。来到江西之后，赵一曼一如既往地参与党组织的工作，并没有因为照料孩子而影响工作。省委的工作环境相对安宁，让赵一曼仿佛来到了一个温暖的大家庭，同志们都很关心她和孩子，特别是一些女同志，更是对她照顾有加，有的时候赵一曼忙得抽不开身照顾孩子，她们就把孩子抱出来哄，给他喂些食物，就像是对待自己的孩子一样。赵一曼心里很感动，嘴上不好说出来，只有认真做好党组织安排的工作，尽量不给组织添麻烦。从前都是她帮助别人，如今，赵一曼来到一个关心她、照顾她的环境中，心里有形容不出的欣慰与感动。她想，让所有人都生活在这样的环境中不就是他们这些人正在努力争取的吗？什么时候，全中国人民都能有这样一个和谐安详的环境呢？

在江西省委的日子安静而充实，可是偏偏有人要破坏这种美好的氛围。1930年初的一天傍晚，天空阴沉沉的，大雪似乎随时会飘洒而下。中共江西省委机关里，所有工作人员小跑着进进出出，大家都沉默不语，脸色阴沉。看起来乱糟糟的省委机关，其实每个同志都有条不紊地在整理资料文件，他们要以最快的速度离开这个地方，躲避反动派的查封。所有人都压抑着自己内心的愤懑与失望，快速地做着手头上的事儿。他们心中有一个共同的疑惑：是谁出卖了党？出卖了这么多同甘共苦的好同志？又是一个叛徒，毁了大家长久以来努力工作的心血。由于省委机关的暴露，大家不得不离开南昌，去安全的地方重新联系组织。带着孩子一个人来江西工作的赵一曼在南昌人生地不熟，没有可以让她暂时避风头的地方。怎么办呢？她带着孩子目标太大，敌人随时可能发现她。自己的性命可以送上，这点她很早之前就有了足够的心理准备，可是宁儿呢？她那个可怜的孩子又该怎么办？如果宁儿因此丧命呢？他还没有见过自己的父亲，还没有学会走路，怎么能让他落入敌人的手里？作为一个母亲，赵一曼不允许自己的孩子被冷酷无情的敌人伤害，绝不可能！走投无路的赵一曼想到自己在上海待过很长时间，还是回到上海去，联系上组织再从长计议。说不定，自己还可以找到组织营救那些被捕的同志。

于是，赵一曼开始了她前往上海的"长征"。当时她身无分文，又带着一个嗷嗷待哺的孩子，只能一路乞讨。一些老妇人看到她一个年轻女人带着一个婴儿，身上也没什么钱，蓬头垢面地走在路上，就会给她递碗水喝，帮她给孩子喂点米汤。但也不是所有人都那么善良地帮助他们，也有人看到她一副"要饭"的样子走上前来，就一脸嫌弃地避开了，有些人还大声呵斥她走开。孩子饿久了总是哭，赵一曼看着孩子充满泪水的眼睛，心疼得绝望。她和孩子该怎么活下去，若她死了，可有人照顾她的孩子？若她死了，她曾经对党、对人民、对自己的那些承诺是不是就要化作虚妄呢？她曾想过要为这个社会做的那么多事情，是不是都要放弃呢？不，不是的。赵一曼知道，自己不可能放弃自己的生命，放弃自己作为一个母亲的责任，更不可能放弃自己的信仰。如果没有信仰，那还不如死去。

就是凭着这份心志，赵一曼又迈开了走向上海的步子。一路上，吃过闭门羹，迷过路，遇过反动派来抓她，但她还是坚持走到了赣江边的一个渡口。好不容易找到船家，好话说尽，那人却依旧不肯渡她和孩子，看着赵一曼带着孩子破落不堪，船夫料定是个穷妇人，坚决不肯带他们过江。赵一曼此时身上只有一样值钱的东西了——丈夫陈达邦送给她的怀表。那是他们的定情信物，她是万万不肯轻易拿它换钱的。一路上，即便是绝望至极的时候，她也没有打算要用怀表糊口。那是她和丈夫感情的见证，是她对丈夫唯一的念想，没有了怀表，便好像抽走了她思念丈夫的依托。可是，船家如此坚决，不给钱是不可能渡江的。赵一曼心想，早日找到组织才是至关重要的，至于丈夫，一定会理解她的选择。于是赵一曼把自己与丈夫唯一的纪念——丈夫送的怀表给了船夫，抱着孩子上了过江的船。就这样，她辗转来到了上海，找到了组织，报告了自己在江西省委的所见所闻。

在上海安顿下来后，赵一曼回想这一路走来的艰辛，深深地感到对儿子的歉疚。作为一个母亲，她没有照顾好年幼的宁儿，让他小小年纪就吃了这许多苦。刚好这天陈达邦的堂妹陈瑛宗来看望嫂嫂和侄子，当时的陈瑛宗正在党中央工作，与赵一曼是并肩作战的好姐妹，听闻嫂子一个人带着出生不久的侄子千辛万苦来到了上海，陈瑛宗自然要上门探望，顺便询问赵一曼一路上的情况。聊起现在宁儿跟着母亲工作的情况，姑嫂俩都觉得宁儿跟着赵一曼在上海实在太不安全，若是出了什么意外，该怎么向陈达邦交代呢？赵一曼看到陈瑛宗欲言又止，就问她是不是想到了什么办法。陈瑛宗只好跟赵一曼说："嫂子，你若舍得，可以把宁儿送到武汉咱们五哥那儿，那儿还算安全，也衣食无缺。五哥也是靠得住的人，一定会照顾好宁儿的。"陈瑛宗口中的五哥是陈达邦的堂兄陈岳云，当时生活在武汉。赵一曼听了堂妹的建议，心里知道这算是个两全之策，于是平静地说道："我再舍不得，也不能带着孩子去冒险。他还有很长的路要走呢，五哥那儿是最好的去处了，相信宁儿他父亲也会同意我这么做的。我这就准备去武汉。"陈瑛宗没想到嫂子这么决绝，她知道赵一曼心中有说不出的苦，但为了顾全大局，嫂子也只好割舍个人感情。

于是，陈瑛宗陪着赵一曼和宁儿踏上了武汉之旅。从上海到武汉，几天几夜的行程，赵一曼都坚持自己照料宁儿。有的时候陈瑛宗提出要帮她抱一会儿孩子，好让赵一曼养养精神，赵一曼都拒绝了。陈瑛宗知道，嫂嫂这是要多尽一点当母亲的心，也许很长的一段时间内，赵一曼都没有机会再见孩子了，所以她不想错过此刻能与孩子相处的每一个机会。然而目的地终究还是要到达，赵一曼抱着她最爱的孩子，站在武汉陈家门口，不知道如何迈开步子。她思量再三，想起了一件事，于是嘱咐陈瑛宗："你先进去吧，叫五哥五嫂别等着了。我有点事，马上回来。"说完调头向大街上走去，陈瑛宗不放心赵一曼一个人带着孩子，跟上前去，坚持要陪着她和孩子。

陈瑛宗陪着赵一曼来到了一家照相馆门前，原来，赵一曼是想和孩子照张相留个纪念。陈瑛宗看到嫂子如此舍不得孩子，平时那么刚毅决绝的一个人，现在却抱着孩子，温柔地注视着他，眼中尽是不舍与怜爱。等到要拍照的时候，赵一曼提出让陈瑛宗一起照相，结果被瑛宗拒绝了。她觉得这一刻应该只属于赵一曼和孩子两个人，于是她静静地站在一旁，看着这对乱世中的寻常母子，暂时忘记其他的悲欢离愁，只是记住这个短暂而美好的瞬间。照片照好之后，赵一曼又顺路去了趟邮局，给自己远在莫斯科的丈夫陈达邦写了一封信，并附上自己和儿子的合照。她已经很久没有给丈夫写信了，一来是为了避免暴露自己的党员身份给组织带来麻烦，二来是回国后的生活经常波折不断让她无心寄信。现在，她把自己的思念写在纸上，把他们最爱的儿子的照片装在信封里，告诉丈夫他们的近况，给远在异国他乡的丈夫送去家人的温暖，这是她现在唯一能给丈夫的关心与安慰。

所有的事情都完成之后，赵一曼和陈瑛宗来到了五哥陈岳云的家中。陈岳云早就通过书信了解了赵一曼要把孩子寄养在他家的情况，他郑重其事地告诉赵一曼："你放心，我一定会照顾好宁儿的！等着你们来接他！"听到堂兄如此真诚的承诺，赵一曼稍稍安心了。她知道自己不能在武汉多待，组织还有很多任务需要她去完成，何况自己多看宁儿一眼，心里的不舍就多一重，不如离去！因此，赵一曼来到武汉的第二天，就坐船离开回上海了。走的时候她特意嘱咐堂兄堂嫂不要前来码头相送，她怕自己看到宁儿又添一层离愁。坐在船上，看着船只在水中徐徐向前，她想到：也许这就是革命吧！为了驶向光明的终点，势必要错过沿途的一些风景。从她下定决心要为无产阶级革命付出一生的时候，从她递交入党申请书的时候，她就知道自己要放弃与割舍的东西会有很多很多。从前她放弃了安逸的大小姐生活，放弃了过安稳生活的机会，选择为妇女同胞的自由平等而抗争；现在她放弃了母子共处的天伦之乐，选择独自一人承担组织工作的风险。这一切她都不后悔，因为她早已明白革命的残酷与不易，所有同志都牺牲了自己的个人利益，为着更多人的自由与安乐战斗不止，她又怎么能轻言放弃呢？所以，哪怕回国以后的生活坎坷不断，党的工作一次又一次受阻，赵一曼都没向现实低头。她相信有一天，光明的生活终将属于劳苦大众。

回到上海之后，赵一曼恢复了昔日的工作状态。唯一不同的是，这中间她经历了各种各样的苦难，心志变得更加成熟大气。她还多了一个意义重大的身份——母亲，所有的一切让她变得更加坚强也更加坚定。对于底层人民所承受的痛苦，几经磨难的赵一曼感同身受；对于共产主义信仰的力量，劫后余生的赵一曼深有体会；对于解放中国的革命目标，身经百难的赵一曼愈发坚定。生活的磨砺给了她全新的成长，她从原先热情积极的女学生变成了现在沉着冷静的女党员，这是岁月的功劳。在上海的工作虽然不为人知，但却至关重要，赵一曼和她的同志要为身在上海的中共党员提供联络与帮助，维护党在上海的工作环境。经历过两次叛徒出卖的赵一曼清楚地了解，保护党员这工作意义非凡，这些党员在白色恐怖压力最大的上海为组织拼死工作，他们唯一的支持就是来自组织的关怀与保护，因此她一刻也不敢马虎，全心全意地为在上海进行秘密活动的党员提供组织上的帮助，尽量使他们时刻与党组织保持稳定的联系。就这样，赵一曼一直坚守在上海，负责党的地下工作。当赵一曼正在为党的革命事业而默默付出的时候，她没有想到——她所生长的这片土地，她所热爱的这个民族即将遇到史上最漫长、最沉痛的浩劫。

1931年秋。东北。沈阳。

这晚负责值班的守城士兵正在椅子上打瞌睡，白天他休息的时候被日本人演习的炮弹声吵醒，根本没有休息好。想起日本人，他就气不打一处来，日日在中国人军营附近的柳条湖演习，真刀真枪地打，摆明了给中国人示威。让他不解的是上头竟然没有下令回击，只是任由日本人的队伍一天天飞扬跋扈。守城士兵望着外边月光皎洁，心想今晚应该没人敢来找事儿，

"九一八"事变时的东北领导人张学良

朦胧间竟睡着了。

那士兵睡得正酣，外面突然"砰"的一声，不知哪里有什么东西爆炸了。士兵吓得骤然惊醒，连忙出去查看外面的情况。谁知跑到附近的铁路，发现竟是这里发生了爆炸，不知是谁炸断了日本人负责"保护"的铁路，那缺口足有两米长，这下有的闹了。正在疑惑时，这个守城士兵发现自己的军营混乱一片，顾不得炸开的铁路，士兵飞速赶往军营。一到营房门口，士兵被眼前的景象吓傻了眼：几百号日本人正在包围他们的军营，一些兄弟连枪都没拿就举着手投降了，那些日本人却还是对他们拳脚相加。这位士兵还没搞清楚事情的来龙去脉，就听得旁边一个团的营房枪声四起，双方猛烈地打起来了。一边是沉寂地投降，一边是激烈地交火，这件事实在匪夷所思。这士兵看到日本人来势汹汹地占领了军营，便知情况不对，心想还是逃命要紧，就趁乱逃走了。

跑到半路上，遇到同一个连队的兄弟也逃出来，他赶紧抓着询问情况。那个兄弟上来就骂道："狗娘养的日本人使诈，自己炸了自己的铁路，还要赖到我们头上！"听到兄弟这样说，守城士兵也是怒火中烧："那你们怎么就缴了枪呢？该跟他们干上一场！早就看他们不顺眼了！""旅长不在，没人拿主意，还是荣参谋长下的命令，让大家逃开，兄弟们一心想着逃命，哪还有心思打！倒是王团长没来得及接受命令，就跟日本人打起来了，可还不是把军营让了出来！"这位兄弟一五一十地说出来，说的人和听的人都愤懑难平。两人商量着往后的出路，还是那位兄弟消息灵通，他打听到旅长带着王团长的人辗转往锦州方向去了，于是二人决定前去投奔，想着有朝一日回来好好地教训教训小日本。两人一路前行，走到第二天早晨在一个路口歇脚。刚坐下就听到卖报的贩子叫喊道：日本人打进来了！日本人打进来了！这两个土生土长的东北人听到这个令人震惊的消息后，怎么也不敢相信。一打听才知道，昨天晚上日本占领了沈阳，进而攻击东北的各个城市，他们已经回不去了。

这就是震惊全国的九一八事变，它拉开了抗日战争的序幕，中国人民苦难深重的日子也随之到来。1931年9月18日夜，日本人发动了突然袭击，随即以不可思议的速度占领了沈阳等多个铁路沿线城市，由此开始了侵略中国的罪恶计划。守城士兵因为联系不上在北京的张学良，有的采取了不抵抗的策略，有的进行寡不敌众的抵抗。最终张学良奉行"不抵抗"政策，将东北三省拱手让人。从此以后，中华大地的苦难又加深了一重，面对日本人的野蛮侵略，整个中华民族开始了艰苦卓绝的长期抗战。

此时在上海工作的赵一曼听闻了这个悲痛的消息，她觉得自己应该到东北去。自己在黄埔军校学过军事，还出国在莫斯科学习过，她不能浪费了这些宝贵的经验。日本人如此嚣张蛮横，不给他们狠狠的打击，就不能阻止他们的野心；中国已经

日军占领沈阳

沈阳城内日本军队

因为不抵抗而付出了惨痛的代价，不能一味地软弱下去，否则只能任人欺凌。家园不保，何谈解放！于是，赵一曼主动向上海的党组织提出要前往东北，开展抗日斗争。

这时的中国共产党也认为中国应该采取抗日的对策，忍让与回避只会助长日本人的气焰与野心；从战略全局考虑，东三省不保，中原大地也岌岌可危，更何况没有理由抛弃东北人民来求得短暂的偷安。就在党组织决定在东北开展抗日活动的时候，赵一曼主动请缨，鉴于赵一曼长期以来的斗争经验和军事教育背景，党组织同意了赵一曼的请求，并给予她充分的信任和自由，负责东北的抗日运动。

接受组织命令的赵一曼以最快的速度完成手头上的工作，所有工作都交接完毕之后，赵一曼踏上了前往沈阳的火车，准备加入到党组织在东北的抗日工作队伍中去，保卫祖国。赵一曼不知道未来有什么在等她，但无论前途多么艰辛，她都不会允许自己向侵略者屈服，守卫国土的每一刻，都是她对党和人民的承诺。

1932年春，赵一曼来到了东北，在一家烟草公司当工人，暗中组织抗日活动。而"赵一曼"这个名字，就是在这个时候为了工作需要开始使用的。从那一刻起，她用全新的身份开始了全新的战斗。

四、红枪白马，宁死不屈

1932年3月9日，日本人刚刚在东北建立"满洲国"，中国近代史上一个特殊角色在东北政坛粉墨登场，他成为了满洲国"执政"的最佳人选，这个人就是清朝末代皇帝溥仪。这个一生起伏不断的传奇人物在经历了幼年退位、少年复辟后，忍受了很长一段时间的沉寂与落寞，为了再次走上政治权力的顶峰，他不惜以自欺欺人的方式，选择了做日本人的傀儡。在从小接受封建皇权教育的溥仪心里，没有什么比丢掉皇帝宝座更令他痛苦的了，为了自己的皇帝梦，他不惜逆历史潮流而动，不惜成为中国民族的罪人，不惜出卖中国的权益。于是，他接受了日本人的邀请，再次进入国人的视线，当起了"满洲国"的最高代表，而他唯一的条件就是要日本人承诺，在适当的时候让他当皇帝。日本人觉得这个末代皇帝虽然荒唐可笑，但给他一个虚名也无妨，毕竟溥仪没有任何实际权力，不会影响他们吞并整个中国的计划。

然而溥仪要得到这个虚名的代价却不小。从当上"执政"开始，他的每一步行动都要由日本人来决定。为了掩饰侵略者的身份，表示日本军队给东北人民带来的是先进的文明，日本人并不同意溥仪直接当皇帝的要求，而是给了他一个"执政"的名分。日本人还要求他代表"满洲国"全体人民，与日本政府签订了《日满议定书》，将东三省的政治、经济、军事各方面主导权交给了日本政府。溥仪虽然知道这样一来，自己只能做一个提线木偶，到手的也只是一些可有可无的虚名，但他实在太在意"皇帝"的名分，决定不惜一切重建帝制，于是答应了日本人提出的各种苛刻条件。包括"定都"长春并改名"新京"，而不是在清朝的旧都沈阳建立政权，还有"国旗""国歌"都有日本人的意见。所有的隐忍似乎换来了最初的目标，1934年3月1日，在"满洲国"成立一周年的时候，日本人终于同意改为帝制，溥仪再次登上了"皇帝"的宝座。就这样，日本人主导的"满洲国"在中国东北开始了长达十多年的统治。

　　在日本人的主导下，东北三省全面纳入了日本政府的控制。肥沃丰饶的东北平原养活了大批日本移民，丰富多样的矿产资源给日本的工业生产提供了巨大的支持，特别是军工企业更是飞速发展。长期生活在资源匮乏的海岛上的日本人，对东北平原的富足深感震惊，在东北的掠夺异常顺利，也勾起了日本帝国的贪婪与野心，下一步就是华北平原，接着就是整个中国。等到那时，这片土地上的所有财富都将输入日本国，日本军队迫不及待地要进入中原大地。除了经济上的掠夺与控制，日本人还在文化上推行"奴化"教育。他们控制了在东北地区的学校、报社和广播台，大肆宣扬日本军国主义文化，丑化抗日的活动，教育人民服从日本在东北的统治。广大东北人民对日本人的丑恶行径深恶痛绝，他们对溥仪的"满洲国"更是反感至极，为了表示溥仪政权的不合法性，人们称之为"伪满洲国"，并不承认日本人利用傀儡政权的统治。

1934年夏，"满洲国"的一家报纸《盛京日报》上刊登了一篇带有浓厚"亲日"色彩的报道，题为"共匪女头领赵一曼，红枪白马猖獗于哈东地区"。文章中对赵一曼的描述几近妖魔化，指出她抗日的种种"罪恶"行径，抨击她的"猖獗活动"，试图威胁她放弃抗日活动，向日本军队低头服软。这篇报道虽然有很多错误荒谬之处，但却是赵一曼在东北抗日活动的最好印证，间接可以看出她的工作对日本人的沉重打击。

赵一曼首先将抗日的重心放在了打击日本在东北的统治秩序上。1932年到达沈阳时，赵一曼首先进入沈阳烟草公司成为一名普通工人，利用这一身份作掩护开展抗日活动。她利用平时工作的机会，深入工人群众，与他们打成一片，在吃饭、休息的时候与大家聊天说话，了解大家对日本傀儡政权的态度和看法，宣传爱国抗日的思想。利用东北人民对伪满洲国统治的不满，赵一曼多次带领工人抗议游行、示威、罢工，打击伪满洲国政府的气焰，扩大抗日的群众基础。之后赵一曼又到了纱

哈尔滨旧景

厂成为一名女工，长期负责妇女工作的她对于纱厂的工作得心应手，她在女工中讲解抗日的重要性，宣传男女平等、妇女独立的思想，鼓励纱厂的女工为抗日做贡献。赵一曼与她们一起，为抗日军人做鞋子衣服，支持他们的抗日活动；同时她还带领女工们示威游行，抗议工厂对女工的沉重剥削，反对伪政府歧视妇女的规定。1933年，赵一曼在哈尔滨组织的电车工人大罢工，给了伪政府沉重的打击，破坏了他们在哈尔滨的统治秩序，令伪满政府的工作人员大为恐慌。这些活动都在一定程度上动摇了伪满洲国政府在东北地区的统治，削弱了他们的政治影响力，是反满抗日运动重要的组成部分。那段时期，在东北地区还有很多类似赵一曼的共产党员，他们深入到东北各地的群众中，鼓励群众团结起来反对专制统治，组织各种罢工、罢课、罢市和游行示威，打击了日本人的嚣张气焰。

除了破坏傀儡政权的统治秩序之外，赵一曼逐渐把精力集中在组建人民武装、进行游击抗日活动上。为了丰富游击战的斗争经验，将所学的军事知识与具体战斗经验相结合，赵一曼还两次前往哈尔滨海伦地区考察巡视，并与海伦县支部书记、当地游击队负责人一起，参与组织了对当地日伪军自卫团的袭击，这次战斗击毙了自卫团十余人，打击了伪军在该地区的势力。这些活动给了赵一曼丰富的斗争经验，她对组建游击队工作也有了深刻的心得体会。1934年春哈尔滨党组织受到日军破坏，赵一曼被安排到外地工作，把她积累的经验推广到哈尔滨以外更广大的地区，促进抗日游击工作的全面展开。

1934年7月，赵一曼接受组织的安排来到了位于哈尔滨东南部的珠河县地区，开展武装抗日斗争工作。在赵一曼担任珠河中心县委委员、珠河妇女会负责人期间，由当地农民组成的抗日游击队也在她的牵头下顺利组建，成立抗日游击队的目的主要是保护当地人民的生命与财产安全，抵御日本军队及伪军的侵犯，打击其军事力量。有了抗日游击队，人民的生活就多了一重保障，抗日的星星之火也随之萌芽，只要人民不放弃抵抗，就不会沦为亡国奴。

但是，抗日游击队一组建就遇到了诸多困难。首先就是游击队武装问题，没有真枪实弹根本不能对日寇造成威胁，更别说保卫家园了，赵一曼心里非常着急，没有武器游击队的工作就没有办法开展。可是，赤手空拳怎么能变出枪炮弹药来呢？赵一曼想到了找组织求助，经过党组织的积极联系沟通，为珠河地区的自卫武装争取到了一批武器，可是受到日寇和伪军的阻挠，无法运送进来。心急如焚的赵一曼决定亲自去运送武器，游击队的负责人和县委的同志都反对赵一曼只身犯险，说不能没了女政委的领导，还是派几个男同志去接收武器。赵一曼却不以为然："我一个女人去，敌人的戒心反而小。何况我本就是学军事出身，哪里不如游击队的兄弟们？有了武器装备，同志们才能好好训练。"最终在赵一曼的坚持下，由她出去运送武器，游击队队长则留在珠河县管理游击队。运送武器

东北抗日英雄杨靖宇

的一路上凶险不断，为了迷惑敌人，赵一曼把自己伪装成普通农妇，推着一辆粪车，把党组织从伪军手里买来的枪支弹药藏在粪车里。路过伪军把守的关口，他们一见臭烘烘的粪车，就一脸嫌弃地扬手叫赵一曼赶紧走，就这样，赵一曼巧妙地把武器运回了珠河县。游击队的同志们有了武器，训练起来更起劲了，他们很快掌握了不少军事技巧，渐渐提高了作战水平。

　　游击队的另一问题就是后勤补给的缺失。这个问题如果不能得到妥善解决，那么即便有了武器，同志们也不能全身心投入战斗，必将影响士气。看着游击队的同志们一个个吃不好穿不好，家里老老小小需要照顾，游击队内部的制度建设又是一片空白，赵一曼非常担忧。一支好的战斗队伍，一定得是井井有条的，只有这样才能以昂扬的精神投入战斗，可是现在面临的困难是客观存在的，这让她十分为难。就在她苦恼不知该怎么办的时候，一些战士的妻子找到了赵一曼。她们主动要求帮助游击队分忧："我们女人家也不会扛枪打仗，现在男人们出去了，剩下的事就让我们来负责吧！也是咱们为抗日做点事情，毕竟男人们为的是一家老小的安全，我们也能出点力！"听了妇女们这番话，赵一曼豁然开朗，被人民群众的智慧打动，她想到了成立一个抗日妇女组织来满足这些妇女的要求，同时正好解决游击队的后勤补给，也解了战士们的后顾之忧。于是她开始动员珠河地区的妇女加入抗日妇女组织，为游击队日常工作提供后勤保障，这些女人们都十分乐意与赵一曼一起为抗日贡献自己的力量，纷纷同意加入组织，于是，珠河地区的抗日妇女组织异常顺利地成立了。为了配合游击队的作战，赵一曼每天除了带领同志们训练，还亲自跟着这些妇女一起，为游击队的战士们做军鞋、做军衣，帮助他们包扎伤口，及时运送游击队的补养，一些年轻力壮的妇女还承担了游击队根据地的站岗放哨工作。为了方便她们顺利完成组织的工作，赵一曼也帮着照看孩子、赡养老人，跟大家一起克服种种困难，团结一心只为抗日。此外，赵一曼还非常注重抗日思想的宣传教育，跟女人们一起劳动的时候，她常常讲一些抗日英雄的事迹，鼓励大家拿出勇气与毅力，共同保卫家园。在赵一曼的努力下，珠河地区形成了"全民抗战"的盛况，所有人都为着同一个目标相互帮助，一起面对困难考验，人与人之间的关系前所未有的紧密亲切。

有了枪支弹药，有了后勤补给，游击队渐渐进入了正常轨道，接下来要做的就是利用实战检验成果，积累经验，提高大家的士气。为了让游击队增加实战经验，也为了打击日伪军在珠河的嚣张气焰，赵一曼决定带领游击队的同志们偷袭伪军哨所，端掉他们的据点。她亲自带着同志们偷偷靠近哨所，趁着夜色对伪军进行猛烈攻击，同时又派一部人堵住敌人的退路，前后夹击，成功捣毁了伪军的哨所，这次进攻令伪军大吃一惊。经过这一战，大家感受到了痛击敌人的畅快，也感受到了并肩作战的力量，整个游击队的凝聚力也提高了。

抗联女战士

渐渐地，在一次又一次的实战中，游击队渐渐成熟，成为一支重要的抗日力量，抗日妇女组织的女人们也深受鼓舞，开始认识到了女人也能发挥大作用。珠河地区的抗日力量越来越强，也逐渐引起了日军的注意，他们开始策划反击。

1934年秋天，日寇调集了大批兵力，准备对珠河地区的游击队进行一次大规模的"扫荡"，以期一次解决这些"麻烦"。日寇来势汹汹，赵一曼在珠河地区的抗日工作遇到了前所未有的考验，从她踏上东北大地的那一刻起，她还没有遇到过这样艰难的处境，日寇一次又一次地进犯，使她的工作更加繁重了。为了避免游击队的同志们因为日军的进攻而泄气、丧失斗志，赵一曼不停地在游击队员中做工作，鼓励战士们保持昂扬斗志，不要放弃保卫家园的信心。狡猾的日军时不时地要进村搜查，赵一曼不得不保持高度紧张，她时刻跟同志们在一起警戒，以防日本鬼子乘虚而入，有的时候她会连续好几天不回自己在老乡家的住处休息。赵一曼本就有病根，之前的遭遇又使她的身体素质变得十分糟糕，如今没日没夜的工作使她的身体愈发虚弱了。一次，为了躲避日寇的搜查扫荡，赵一曼带领几名游击队的同志负责保护乡亲们撤退到山林中隐蔽，在路上与几个日本鬼子交火，枪战中赵一曼不小心受了伤，好在只有一个小伤口。因为是小伤赵一曼并没有放在心上，而是全身心地投入到了防范鬼子的工作中，谁知虚弱的身体并没有战胜东北日渐恶劣的天气，她的伤口迟迟没有愈合，反而恶化了，有的时候竟然疼得动不了。赵一曼不希望因为自己的伤势影响了大家的工作，于是她把日常安全工作交代给游击队的负责人，嘱咐他要小心行事，带大家安全躲过日寇的搜查，而她自己则前往游击队的流动医院，去医治伤口争取及早归队。

在流动医院的赵一曼也没闲着。游击队的流动医院其实规模并不大，只有一个医生和一个护士，很多工作都要医生护士亲自负责，常常忙不过来。赵一曼来到医院之后，主动承担了不少工作：护士忙不过来的时候，她就帮着护士照顾伤员，给他们换药、包扎；流动医院转移的时候，赵一曼就和他们一起运送伤员、药品和医用器械；她还给伤员做起了思想工作，鼓励他们坚定信念同日本鬼子抗争到底，给他们讲共产党人的理想与主义；在敌情紧张的时候，赵一曼为了保障大家的安全，主动为医院站岗放哨，注意日军动向。有一次，流动医院刚刚从一个危险的地方转移，大家正七手八脚地安顿，谁知赵一曼在站岗时发现竟然有一小队日本人朝他们医院方向走来，眼看就要发现他们。这个时候大家刚刚安顿下来，很多伤员好不容易有机会休息片刻，现在要大家转移是不可能的了，可是鬼子没多久就要过来了，情况紧急，该如何是好呢？那个时候正是秋收时节，各家各院都在晒豆子，赵一曼看到满地的豆子，突然灵机一动想到了一个办法。她让伤员们迅速躺在收割过的田地上不要动，然后在他们身上铺满豆子伪装起来，顺利躲过了鬼子的搜查，流动医院也逃过一劫。

赵一曼在流动医院治好自己的伤口之后，回到了游击队工作。这期间，上级党组织为了有针对性地对抗日本鬼子的"扫荡"计划，决定重点突破，强力打击，把鬼子在珠河区的力量打破分散。于是，组织安排赵一曼到珠河县铁北区出任区委书记，由她负责组建地方游击队集中打击该地区的日寇势力。于是，1935年春，赵一曼前往铁北区日寇势力最强大的滨绥铁路附近，开始组建新的游击队，抵抗日本鬼子的扫荡。

有了之前的经验，赵一曼在滨绥铁路附近组建游击队的工作十分顺利，她在滨绥铁路附近的侯林乡地区建立了一支农民自卫队，与日寇进行游击战争。她的战斗指挥经验也在一次次的实战中不断提升，侯林乡自卫队刚成立不久，赵一曼就带领他们战胜了前来"扫荡"的日本鬼子，沉重了打击日寇的气焰。在一次又一次的战斗中，自卫队的实力越来越强，战斗经验也日渐丰富。他们在滨江地区的抗日成果得到了上级党组织的肯定，也引起了当时在东北地区领导东北人民革命军进行抗日斗争的第三军军长赵尚志的关注，赵军长对这个女政委的军事才干大加赞赏，认为赵一曼是一位出色的领导人，将来可以为抗日做出大贡献。在他的建议下，珠河县委决定把赵一曼领导的自卫队改编成一个游击排，必要时配合东北革命军第三军的战斗。改编成游击排之后，队伍的武器装备和训练水平都有了明显的提高，逐渐向正规军靠拢。如果说从前赵一曼带领的游击自卫队只是负责保卫家园的村民武装，那么现在她带领的游击排已经变成了打击日本鬼子的一支有生力量。学习东北人民革命军的战术战法，也使得游击排的作战水平不断提升，与日本鬼子交起手来更游刃有余。

东北人民的反抗使得日军首脑大为愤怒，他们决心策划一次强有力的反扑，一次性解决那些"不安分"的东北人，让他们驯服安静。那些游击活动"猖獗"的地区更是成为了日寇的眼中钉、肉中刺，日军决定首先集中兵力解决那些有组织的游击队伍，破坏他们在当地的根据地，好一举粉碎他们的反抗。赵一曼所在的珠河地区受到了日军的严重骚扰，很多游击队的根据地都被日军疯狂地扫荡烧毁，原有的抗日工作受到了前所未有的打击，为了保存游击排的主力，珠河县党组织决定让赵一曼带领的游击排正式编入赵尚志领导的东北人民革命军第三军第一师第二团，由赵一曼担任团政委，负责保卫根据地，牵制敌人的兵力，为其他地区部队的转移行动提供掩护，为主力部队争取时间开辟新的游击根据地。日本人的残酷扫荡已经不是一次两次了，赵一曼对此早有心理准备，她料到日寇的野心不止于此，也不会任凭中国人民抵抗而不反扑，但敌人的疯狂还是超出了她的预计，大家辛苦建立的根据地再三被破坏，乡亲们的基本生活也无法保证，赵一曼又一次明白了斗争的复杂曲折，但是她没有灰心丧气，因为她早已不再是当初那个对革命一知半解的小姑娘了，过去几年中，生活上、工作上的各种考验早已使她变得坚强无比，她知道，把日本鬼子赶出中国只

东北抗联战士

是时间问题，她坚信通过人民团结一心的抗争，一定能争取到他们想要的和平与安宁。

　　抗日工作的考验再一次出现在赵一曼的革命生涯中，她心中却早已做好打算。在第二团当政委的日子里，赵一曼与战士们并肩作战，同吃同住。当时由于根据地遭到鬼子的破坏，大家的生活条件非常艰苦，很多物资都十分匮乏，战士们时常吃不饱，也没有御寒的冬衣。为了鼓励战士们，赵一曼每次都趁着战士们休息的时候，给他们缝补衣服，在单薄的衣服里加点棉絮，好让战士们穿在身上暖和一些。赵一曼经常一边缝补衣裳，一边跟战士们交流谈心，从抗日革命谈到家长里短，从革命先辈谈到战斗英雄，赵一曼讲得生动传神，战士们都很喜欢听他们敬爱的女政委讲故事。赵一曼用一些英雄故事来鼓舞战士们的士气，鼓励他们战胜眼前的困难，齐心协力打跑日本鬼子。时间一久，赵一曼成了战士们共同的朋友，大家有什么思想上的困惑都喜欢找她谈心，像对待家人一样对待赵一曼。赵一曼对战士们的信任十分感动，她时常讲："没有大家相互之间的信任，就没有共同抵抗敌人的力量。"因此对于战士们的任何问题，她都全力解决，让他们好像生活在一个温暖的大家庭。有一次，一个年轻的小战士受伤了，可是他却仗着自己年轻力壮不打算治疗，他知道部队药品紧张，应该把药品留给伤势更重、更加需要它们的同志。赵一曼发现之后，命令医护人员给他治疗，那战士一口拒绝，可赵一曼劝说道："小兄弟，你很善良也很懂事。但是受伤了就要治疗，在这里的每一个人都是为了抗日拼死而战，每个人的生命都那么珍贵，都值得好好尊重。我们的药品就是用来治疗伤员的，不分年纪大小、级别高低，有多少力量就治疗多少伤员，你不要有心理负担。你还那么年轻，要是落下什么病根就不好了，赶紧让护士给你上药。"那个战士听了赵一曼一番话，感动得说不出话来，只能到护士那里接受治疗。赵一曼对战士们的体贴与关怀，让他们艰苦的生活有了些许慰藉。

　　除了和战士们一起面对生活的挑战，赵一曼还跟游击排的战士们在前线一起对抗鬼子。她有着丰富实战经验，身手不凡，常常能够出奇制胜，以少量兵力把大批日本鬼子引出游击区。战斗的时候，赵一曼经常骑一匹白色的马冲在第一线，她枪法精准，斗志昂扬，战士们在她的带动下士气大涨，奋不顾身地朝着敌人进攻，日本鬼子和伪军被他们打得疲于奔命。赵一曼在珠河地区的抗日斗争使她声名鹊起，整个珠河地区的乡亲们都听说第三军有一个英勇善战的女政委，红枪白马地上前线打鬼子，把鬼子打得屁滚尿流。他们把赵一曼和第三军军长赵尚志两个抗日英雄合称为"哈东二赵"，有的人甚至以为赵一曼是赵尚志的亲妹妹，一时间赵一曼成为了人们口中的传奇英雄。这些故事传到了日本人的耳朵中，他们才知道原来多次打败他们的竟然是一个只有三十岁的女人，这令他们十分震怒，于是，日军通过伪满洲国的一家报纸，发布了一则悬赏缉拿通告。在这则广为人知的通告中，日军向所有伪满洲国统治下的地区发出悬赏令，如果有人能够供出赵一曼藏身的地点，协助日军缉拿"共匪"赵一曼，将获得由日军提供的一笔奖金。对于这个一直破坏日军行动的"共匪"女头目，日本人显然痛恨至极，但又拿她无可奈何，最后只好采用悬赏缉拿的方法。

听闻日军悬赏缉拿自己的消息后，赵一曼不为所动。她知道自己周围的同志们不可能出卖自己，与同志们并肩作战的日日夜夜，他们已经有了坚实的革命友谊，彼此间的信任也已十分深厚。也有身边的人担心赵一曼的安危，劝说赵一曼到较安全的地方避避风头，或者留在部队处理后方工作，不要再上前线打仗，以免组织损失一位有才干的优秀党员。虽然赵一曼知道大家都是为她好，但是她并没有打算放弃自己目前的工作，更不能为了保全自己的生命而不顾和自己出生入死的兄弟们，她决定还是要继续在第二团完成各项工作，包括带着同志们到前线打鬼子。她想，即便有一天自己真的被鬼子抓走了，她也要在这之前拼尽全力打击日寇，只要自己还在革命的道路上前行，她就不能轻言放弃，她要把每一天的生命都投入到自己所信仰的事业当中，尽可能地发光发热，为革命事业提供自己的能量。

这一天，赵一曼跟团里的同志们一起到滨江沿岸考察地形，为接下来抵御日本军队的扫荡做好详细的部署。站在滨江边上，两岸秋色壮阔，河流平静地穿过大地，整个自然仿佛都在沉思。满目萧然，赵一曼心里不由得堆起愁绪：抗日四年多，形势却没有得到改善，日本人又打起了华北平原的主意，他们的野心已经是司马昭之心——路人皆知了，可是蒋介石依旧守着他"攘外必先安内"的信条，残酷地屠杀共产党，国内的混乱分裂加上日寇的蛮横侵略让人民的生活水深火热，他们这些人日夜守在这片黑土地上，不知人民可曾感到稍稍心宽？不知人民的心里，可曾有过多一点点的安然？赵一曼不知道，她不知道还有多少人民正在受苦受难却又敢怒不敢言；她不知道还有多少苦难在等着这个饱经沧桑的民族；她不知道黑暗还要在神州大地笼罩多久。望着一川流水，赵一曼陷入了沉思。

然而还是要奋斗，要反抗，要争取，赵一曼想。革命必然是一个复杂曲折的过程，赵一曼愿意用自己的付出缩短这一过程；如果一定会有人牺牲丧命的话，赵一曼想这个人可以是自己，因为她是为信仰而战，那么她当然可以为信仰而死。她那么庆幸自己作为一个有共产主义信仰的人活在这个世界上。"有信仰是多么幸福激动的事情呐！"赵一曼在心中喊道。她思考良久，还是觉得——虽然眼前困局纷扰，但借着信仰的光芒，必将穿过黑暗找到光明。回到根据地之后，赵一曼有感而发，随即写下一首《滨江怀述》："誓志为国不为家，涉江渡海走天涯。男儿岂是全都好，女子缘何分外差？未惜头颅新故国，甘将热血沃中华。白山黑水除敌寇，笑看旌旗红似花。"

这首气势磅礴的旧体诗，展现了赵一曼作为新女性的追求与理想。在她的心目中，革命的前途还是光明的，她相信会有一个美好的未来在等着中国人民。对于她自己，赵一曼也充满信心，虽然日军出了一则悬赏通缉她的通告，使她的处境更加凶险，但她还是坚信女子也可以撑起半边天，自己不会输给那些扛枪打仗的男人，她的信仰最终也会实现。而这首充满革命热情与力量的诗，也是赵一曼留给后世为数不多的文字之一，她在作品中如此直白恳切地表达出了自己心中的理想与信念，表达出自己作为一名女性的爱国之情，令人赞赏不已。今天的我们再度欣赏这首作品，仍然能够感受到赵一曼当时的一片赤子热情。

很快，赵一曼又恢复了往日威震珠河地区、"红枪白马女政委"的风姿，她带着第二团的战士们四处打击日本鬼子，破坏他们对珠河地区的扫荡计划。赵一曼利用战士们之前的游击战经验，跟日本鬼子玩起了"捉迷藏"，把日军耍得团团转。不熟悉当地地形情况的日军时常被赵一曼带领的队伍"牵着鼻子走"，为了保存有生力量，赵一曼总是尽可能地避免与日军正面冲突，而是改用突袭的方式，每次把日军带得"晕头转向"的时候，赵一曼就命令战士们趁机袭击日军，很多鬼子还不明白是怎么回事就已被打得落花流水，队伍一乱，赵一曼就趁乱扩大战果。很多日军的扫荡部队都"栽"在赵一曼的精密部署上，损失惨重。游击排的战士们越战越勇，一时间赵一曼所在的队伍成为了日军最急于镇压消灭的力量，很多日军头目都在打探赵一曼的情况，想知道这个年轻的女人究竟有何厉害之处。为了迷惑敌人，混淆视听，赵一曼就让珠河地区的老乡们继续对外散播她是赵尚志军长的亲妹妹，好让日军听到"哈东二赵"的名声闻风而逃，在心理上震慑日军。赵尚志军长听说后，更是赞叹这个女政委的智慧，他感叹道："若是我真有你这么个妹子，那可真是我的福气了！你这么勇敢善战，给我这个'哥哥'也增光！"赵一曼听了回答道："咱们出来抗日的，都是兄弟姐妹，有了赵军长这个哥哥，我这个妹妹打起仗来更有勇气了！"赵尚志很欣赏这个直爽的女同志，赞赏赵一曼的智谋与勇气，待她就像自己的亲妹妹一样。这两个闻名遐迩的抗日英雄，平日一有空就商量着如何对付日本鬼子，讨论的时候，赵一曼把自己所学的军事知识和游击战实践结合起来，常常有出人意料的想法，有时连身经百战的赵军长也大为吃惊。赵一曼在日常有空的时候不忘和战士们一同训练，她不希望自己因为身体素质影响战斗，在战斗水平上也要和男战士比一比，有了亲爱的女政委的加入，战士们大受鼓舞，训练起来更积极了。休息的时候赵一曼一如往常地跟战士们聊天谈心，与他们分享打鬼子时遇到的新鲜事儿，大家相互关心，苦中作乐。

此时的赵一曼作为一名优秀出色的抗日战士，和其他的男性战士一样，上前线打仗，和鬼子厮杀，整日在纷飞炮火中摸爬滚打。她很珍惜每一次上前线的机会，因为每一次和同志们一起并肩作战，都离心里的目标近了一小步。赵一曼知道日军兵力强大、手段残忍，但她从广大人民中看到了前仆后继的力量，她觉得抗日斗争一定能够胜利，日本人的阴谋一定不会成功，所以她义无反顾，在抗战第一线完成她自己的任务。从背后的组织到前线的指挥，从自卫队的防御到游击排的攻击，赵一曼对抗日武装斗争的认识不断提高，对胜利的信心也不断加深。赵一曼用实际的抗日行动来表达爱国之心，表达自己对信仰与主义的坚持。

1935年深秋，日军又开始了新一轮疯狂的进攻。这次他们将重点打击的范围集中在珠河县铁北区的左撇子沟一带，因为那里地形复杂，易于包围进攻。面对敌人猛烈而频繁的进攻，赵一曼和第二团的团长王惠两人，废寝忘食地开始部署反击行动。由于敌我双方力量悬殊，他们二人只能想方设法延缓敌人的进攻，保全队伍的主要力量。在赵一曼和王惠的精密部署下，第二团的战士们多次冲出日本鬼子的包围圈，在左撇子沟一带与日寇展开了游击斗争。第二团的全体战士不分昼夜地战斗在左撇子沟，粮食弹药都日渐紧缺，同志们也一个接着一个地牺牲了。剩余所有战士都暗暗憋着一股劲儿，凭着自己的毅力坚持战斗，有的战士几天几夜没合眼，一直顶在第一线，还有的战士自己受了伤也不吭声，默默地坚守阵地。赵一曼看到同志们这样的献身精神，心里有说不出的感动，她一边与团长

东北抗日英雄赵尚志

王惠商量对策，一边在空余时间多鼓励战士们，给他们信心战胜眼前的考验。

11月15日凌晨，日本军队打算趁第二团的战士休息的时候偷袭，彻底清除左撇子沟一带的游击力量。幸好战士们早有防备，放哨的同志发现日军的异动之后，立刻向赵一曼和王惠报告了情况，他们听到消息后下令让战士们先假装不知情，等日军放松警惕的时候再集中火力打退他们，日军果然中计，被"瞬间"醒来的战士们打得措手不及，只好知难而退准备下一次进攻。就这样，赵一曼带领着第二团的战士们与日寇开始了攻守拉锯战，在大家的团结努力下，第二团击退了日军六次进攻，击毙日军、伪军几十人，取得了暂时的主动权。然而，多番战斗下来，团里的战士也损伤不少，到最后剩下的大多都是伤员，他们储备的粮食也早已吃完，弹药眼看就要耗尽。看着战士们筋疲力尽的样子，赵一曼知道继续防守阵地是不可能的了，战士们也需要转移到安全的地方进行休养补给。于是她和团长王惠商议之后，决定由她带领几名同志做掩护转移日军的注意力，由团长王惠带着大部队撤离到安全的地方。为了保障赵一曼的安全，团长特意派了英勇善战的战士老于、熟悉地形的交通员刘福生一起参与掩护工作，妇女会年仅十六岁的女同志杨桂兰也主动提出要和赵一曼一起，战斗到大家安全撤离。于是，在当天傍晚日军发起第七次围攻的时候，赵一曼带着她亲爱的同志们奋力阻击鬼子，团长则趁机带着战士们迅速撤离。在双方激烈交火的过程中，赵一曼的左腕不小心中弹，但她仍旧拼死向鬼子还击。团长眼看他们就要顶不住，孤身一人撤回来支援他们，一行人一边开枪阻击鬼子，一边迅速地朝着树林里撤退。在逃往树林的时候，老于和刘福生不幸中弹牺牲，团长为了救他们不幸被俘，只剩下赵一曼和杨桂兰两人藏身树林。这时暮色四起，鬼子不熟悉树林中的情况，便放弃了搜寻，在杨桂兰的照顾和陪同下，赵一曼来到了一户农民家养伤，准备伤好后与大部队的战士们会合。

十六岁的杨桂兰一直待在赵一曼身边照顾她，虽然这个小姑娘嘴上不说，但赵一曼还是从她的神情中感受到了她的不安与沮丧。看着这个年轻勇敢的小姑娘，赵一曼仿佛看到了年轻时候的自己，虽然满腔革命热情，但遇到挫折时仍不免有所疑虑。为了宽慰她，赵一曼在闲暇时与她谈心："小杨，我知道你现在心里不好受，但你应该知道，没有哪一次革命是一帆风顺、直达目的的，我们共产党人，势必要面对严酷现实的考验。你以后的道路还很长，你要有足够的信心去面对未来的一切。我相信你可以的。"杨桂兰没想到敬爱的大姐会对她说出这番话，心里顿时觉得安定多了。赵一曼还跟她讲了自己年轻时的经历，鼓励她坚持不懈地在革命的道路上走下去。

一天，赵一曼和杨桂兰正在屋子内聊天说话，突然听到屋外有很大的动静，杨桂兰隔着窗子听了一会儿，发现竟然是一群伪军在院子里搜查，马上就要进里屋了。赵一曼见情况紧急，只好先带着杨桂兰从后院逃走。她们逃到附近的山林里，仍旧甩不开伪军，赵一曼还在交战中被一名伪军击中了左大腿，杨桂兰也受了轻伤。看到赵一曼倒地之后，伪军趁势把她和杨桂兰绑了，又叫来人抬着担架，把赵一曼和杨桂兰送往伪县公署警务科等候审问。

受了伤的赵一曼虽然疼痛无比，但心里却镇定地盘算着对策。她首先想到的是要把损失降到最低，她要想办法让杨桂兰逃离敌人的魔掌，保护同志年轻的生命。于是赵一曼在路上趁着敌人不注意，嘱咐杨桂兰："小杨，现在形势非常严峻，大姐要你服从命令。等到敌人审问你的时候，你一定要跟我撇清关系。就说自己是被拉来治疗伤员的，其余一概不知，告诉敌人你是无辜的。"杨桂兰听了赵一曼的话，坚决不肯答应："大姐，我怎么能抛弃你自己苟且偷生呢？我要陪着你！"赵一曼被伤口折磨得有气无力，但却语气十分坚定地回答她："现在不是感情用事的时候，大姐感念你的善良。只是，你要记住我跟你讲的话，你若能保全一条命，还有机会完成我们未竟的心愿，不要忘记你身上的担子很重！听话！"赵一曼说得情真意切，杨桂兰只有答应她的要求："大姐，若我能活着离开，我一定想办法救你！"听到杨桂兰这样说，赵一曼知道她会听自己的指示，也就放心了。赵一曼还想到日军必然想从她嘴里挖出一点情报，与其闭口不说，不如胡乱讲些错误的信息混淆视听，迷惑敌人，说不定还能保护在根据地工作的同志们。赵一曼也知道敌人必将严刑拷打，这一点她早有心理准备，但她在心里告诉自己——不轻易求死。因为死是最懦弱的选择，对她来说，放弃生命犹如放弃抗争的机会，只要有一口气在，她就要抗日到底。她与敌人多耗一天，根据地的同志们没准就多一重安全，有他们在，日本军队不会在中国的土地上猖狂太久。自己的生命虽然渺小，但也要尽最大的力量，做更多有意义的事。所以，她下定决心，不到最后一刻绝不放弃。

从左撇子沟到伪县公署警务科的路上，卑鄙的伪军又想出了方法来羞辱折磨赵一曼——这位让他们吃过太多次亏的女英雄。为了显示自己的强大，他们特意抬着赵一曼走在热闹人多的大街上，一边走还一边大声说："这就是抗日的结果，你们之中还有谁不听话，下场跟着女共匪一样！"伪军想让铁北区的普通民众看看抗日的"悲惨"下场，希望达到"杀一儆百"的目的。赵一曼心里当然清楚伪军的阴谋，但她不打算由着他们这样干，于是她强撑着抬起头来，拼尽全身力气大声喊道："打倒日本帝国主义！打倒汉奸！中国人民万岁！"伪军士兵看到赵一曼当街宣传起抗日口号，又讽刺他们是汉奸，气得把她打昏了，好让她乖乖闭嘴。就这样，赵一曼和杨桂兰在敌人的各种折磨下来到了伪县公署警务科，接受伪军的拷打审问。

在审问的过程中，杨桂兰听从了赵一曼的指示，向伪军交待自己只是一名照顾伤员的妇女，并没有参与抗日活动，也没有加入共产党领导的抗日组织。伪军看到杨桂兰交代得还算清楚，又查不到什么有力的证据，在关押杨桂兰二十多天之后决定放了她。赵一曼听说这件事后心里稍稍有些安慰，至少组织又保全了一个好同志、好青年，至于接下来在等着她的磨难坎坷，她早已视为寻常。只要是为了抗日，为了人民，她会坚持到底，绝不屈服。

当时伪滨江警务厅特务科外事股长大野泰治正奉命在珠河县搜捕抗日的共产党，听说赵一曼被抓的消息后，他"如获至宝"，以为可以从她口中得到其他抗日组织者的名单。他见赵一曼伤势严重，奄奄一息，就让伪县公署警务科把赵一曼押送到伪滨江警务厅，由他亲自连夜审问。大野泰治是出了名的残暴冷酷，他善于审问犯人，从他们口中挖出自己想要的东西，听说赵一曼口风很紧，大野泰治决定对赵一曼实施"非一般"刑法。除了实行各种惨无人道的逼供手段之外，大野泰治还命令手下用鞭子抽打赵一曼左腕的伤口，又用树枝戳她左大腿的伤口，让她痛不欲生，企图用"极刑"来掰开赵一曼的嘴。在大野泰治酷刑折磨下的赵一曼，虽然疼得死去活来，但她还是咬紧牙关保护其他同志。赵一曼和日军玩起了文字游戏，当敌人问她是哪里人的时候，她便随口答说自己是湄洲人，其实那只是赵一曼家乡的一句玩笑话，当地小孩遇到倒霉的事情，常常说自己"走湄洲"了。赵一曼用这种方法迷惑敌人，到她牺牲时，日军都没有确认她的身份，也无法从她口中得到丝毫有用的情报。当时审问她的人员之一，号称"活阎王"的用刑主凶吴树桂后来供述道："赵一曼简直是一块铁……"可见当时赵一曼的顽强抵抗给用刑人员留下了多么深刻的印象。

又有一次，大野泰治被"顽固"的赵一曼弄得无可奈何，只好愤怒地问她："你为什么要抗日？是谁指使你的！"赵一曼脱口而出："是我心中的信仰！你们日本人又为什么要侵略别的国家？为什么要杀害那么多人？为什么要破坏万千大众的生活？你们别再妄图占领中国了，只要共产主义不死，只要无产阶级不死，你们的阴谋就不会得逞！你也别再幻想我会供出自己的同志，我是不会向侵略者低头的！"大野泰治听了赵一曼的话十分震怒，他没想到这个女人骨头这么硬，除了生气之外，他不得不承认，赵一曼是一个"烈女"。

这样暗无天日的审问赵一曼经受了将近一个月，日军还是没有从她口中得到有用的消息。但赵一曼越是不肯招认，敌人就越确定她是抗日活动中一个至关重要的人物，通过对其他被捕犯人的审问，日军开始了解赵一曼在整个抗日组织中扮演的角色，并且认定她是"一个以珠河为中心，把三万多农民坚固地组织起来的中心指导者"。他们知道，只要赵一曼能够开口，一定是举足轻重的情报，对于镇压抗日活动有着极其重要的作用。大野泰治暗下决心，发誓一定要让赵一曼吐出他想要的东西。

这时的赵一曼因为长期受刑而伤痕累累，原先左大腿的伤口因为得不到治疗已经化脓，大野泰治看她随时会因为伤重不治而死，决定先把赵一曼的性命保住，然后再慢慢审问她。于是，大野泰治安排手下把赵一曼送往哈尔滨南岗市立医院治疗伤病，并嘱咐医院派人把守赵一曼的病房防止她逃跑。

医院的医生护士都被送来的这名"患者"的意志力震惊了：经过检查他们发现赵一曼左大腿骨中有二十多块碎片，全身大小伤口不计其数，很多旧伤口都已化脓溃烂，这样还能活着真是个奇迹。医院里的医生护士都知道这个气息微弱、伤势惨重的女人是抗日英雄，他们虽然表面不得不为日本人工作，但是心里都对日本人极度厌恶，看到赵一曼危在旦夕，心里都为她捏一把汗，他们只能尽全力为她动手术，稍稍减轻她的痛楚，帮助她渡过这个难关。张柏言是整个市立医院中医术最好的医生，他主动要求为赵一曼做手术，并担任她的主治大夫，这个充满同情心的老大夫十分关心赵一曼的伤势，时不时地询问护士赵一曼的情况，生怕因为错漏使她的病情恶化。医院里的护士们也十分关心赵一曼的伤势，总是细心地帮她换药、包扎，对于赵一曼的病情记录也十分上心。这些年轻的小姑娘心里很是佩服这个坚强的大姐能够扛住日本人的严刑逼供，对于她的抗日斗争精神更是钦佩不已。

受到医护人员悉心照料的赵一曼，身体状况渐渐有了好转，两三个月过后，她渐渐恢复了体力，可以挂着拐杖在地上慢走几步了。大家对她的关心照顾赵一曼都铭感于心，她也从这件事中感受到了抗日的希望。这里的人并不都是唯日本人马首是瞻，他们的良心并非全然冰冷，他们都是有可能成为抗日力量的人民群众，是一切斗争最强大的基石。如果所有中国人都像他们一样有心，为抗日斗争费心出力，那么日本鬼子的任何阴谋最终都会失败，中国人也不会沦为亡国奴。赵一曼把在医院里大家对她的每一份关爱，都看成是他们对抗日活动的一份支持，她要争取这些有良知有觉悟的中国人，让他们坚持抗日主张，把抗日的火苗传播到更多地方。在这群医治她、看守她的人中，有两个年轻人对她尤其照顾，在日常交流的时候也十分宽厚真诚，他们之中有一个是年仅十七岁的护士韩勇义，另一个是负责看守赵一曼的青年董宪勋。这两个人都是有爱国热情的青年学生，原来在医院救死扶伤，结果医院被日本人控制，他们被迫为日伪军服务，对于日本人蛮横无耻的侵略行为，他们早就十分不满。赵一曼的到来，激起了两人的抗日爱国之心，他们内心非常敬佩像她这样的抗日志士，决心要向赵一曼学习，用尽一切办法破坏日军的计划，反抗日军的侵略。因此，在医院照看赵一曼的时候，两人都尽可能地为赵一曼争取时间，他们向日军反映，赵一曼的伤势仍旧不容乐观，需要更多的时间治疗恢复才有力气接受审问。此外，他们还向日军建议赵一曼在集体病房修养多有不便，不如住进单独病房，有利于她更快速地恢复。日军负责人认为赵一曼住在单独一人的病房，审问起来也更加方便，就同意了二人的建议。

新的单人病房对赵一曼的自救行动十分有利，她十分感谢韩勇义和董宪勋对她的帮助。在他们三人独处的时候，赵一曼向他们公开了自己共产党员的身份，并给他们解释共产党人的信仰主张，宣传无产阶级革命的理论。赵一曼还用一个个悲壮如山的事例讲述抗日英雄视死如归的气概，揭露日本帝国主义在中国的丑恶行径，以此激发他们的爱国之心和民族责任感，把他们争取过来协助自己逃走。一开始董宪勋对赵一曼的信仰与主张不甚了解，可是在赵一曼的耐心讲解之下，他渐渐地消除了自己的犹豫与不解。赵一曼时常对他说："共产党人的主义就是解放中国和中国人民，我们一直在为这个目标摸索努力，国民党反动派背叛革命、不抵抗日寇的行为已尽失人心，你要相信我们的主义终会胜利。"看守董宪勋在赵一曼的感化下，对无产阶级革命有了更多的了解，他经常和韩勇义一起缠着赵一曼，求她多讲一些中国共产党的事迹。

经过一个多月的相处了解，赵一曼和韩勇义、董宪勋之间的信任逐渐加深，她的身体状况也越来越好，三人都觉得是时候开始他们的逃跑计划了。赵一曼跟他们一起商量后，决定伺机而动，趁着夜里日军疏于防范，从医院后门潜逃出去，再由董宪勋事先安排好的车辆送他们到安全的地方躲避。整个计划他们商量了很久，只等合适的日子到来，三人好乘机逃离魔掌，时间已是1936年6月，天气渐热，日本人晚上看守巡逻的时候总是爱打瞌睡心不在焉的，赵一曼知道机会近在眼前了。6月28日，那天正是星期日，日军负责人派了一队伪军到医院看守赵一曼，自己则带着士兵偷懒休息去了。赵一曼跟韩勇义、董宪勋二人商量后都觉得，正式实施计划的时刻到来了，她嘱咐董宪勋先悄悄安排好小汽车，准备晚上接应他们逃离医院。到了深夜，董宪勋主动提出要帮看守的人值班，那人哪有不接受的道理，欢天喜地地离开岗位偷懒去了。赵一曼觉得时机已到，就在韩勇义与董宪勋的搀扶下，悄悄地从医院后门离开，上了事先已经准备好的小汽车。他们三人一上车，汽车就一刻不停地朝着郊区方向开去，经过一夜的颠簸赶路，赵一曼和随行的两个年轻人来到了郊区附近的一座破庙。在这里汽车已无法继续行驶，他们只好改坐当地的小轿，继续躲避日军的追捕。董宪勋提出，他们可以到附近村子里自己的叔叔董元策家藏身，于是他们日夜兼程来到了董元策在金家窝棚的家中。虽然董元策不知道侄子到底在干什么，但他一听说赵一曼是抗日英雄，就表示自己会想尽办法帮助他们躲开鬼子的搜捕，他找来自己同村的好兄弟魏玉恒帮忙，两人为赵一曼一行人找来了一辆马车，又打听到游击队藏身的山区。就这样，在大家的帮助下，赵一曼带着韩勇义和董宪勋两人坐着马车，前往山区与游击队会合。

第二天一早，到医院巡查的日军发现赵一曼的病房空无一人，连看守她的董宪勋也不知所踪，医院方面又反映昨夜值班的护士韩勇义失踪了，所有情况表明"女共匪"赵一曼逃跑了。于是，日军立马召集大量伪军一起抓捕逃跑的赵一曼，他们知道赵一曼身上有伤，必定不会走得太远，于是就派大批人马在医院附近搜查询问。最终，经过多方盘查，日军找到了送赵一曼离开医院的白俄司机，从他口中知道了赵一曼的去向；在赵一曼停留的破庙附近又抓到了为赵一曼三人抬轿子的轿夫，轿夫供出了赵一曼落脚的金家窝棚。金家窝棚那一带有游击队活动，日军知道赵一曼一定会前去会合，于是沿着山路前往金家窝棚追捕赵一曼。

此时赵一曼和她的同伴正全速赶往游击区，他们的马跑了一整天早已精疲力竭，再也跑不动了。天色渐暗，韩勇义和董宪勋提出暂时在树林里休息一会儿，让马儿也歇歇脚，但赵一曼却不同意："敌人随时有可能追上来，我们不能坐以待毙，不如放弃马车步行赶路。三个人目标太大，我们分开走，到游击区会合。"他二人觉得赵一曼分析得有道理，答应分开走，但他们也担心赵一曼的安危："大姐，你一个人太危险了，可怎么办呢？"赵一曼虽然身体极度疲劳，但心思却很清晰："你们让马车往另一个方向跑，给大家多争取一点时间，我会照顾好自己。你们也要小心！"就这样，在赵一曼的安排下，他们三人分头赶路，趁着夜色向游击区前进。

30号凌晨，东边的天空刚刚露出了鱼肚白，四野寂静无人，赵一曼还在一瘸一拐地赶路。此时的她早已上气不接下气，体力耗尽，但她知道只要再翻过一个山头，就能找到游击队的同志们了。所以，她凭着最后一丝力气，强撑着往前挪步。这时，一阵刺耳的摩托车轰鸣声从赵一曼的身后传来，不一会儿的工夫，日军的摩托车队就包围了赵一曼，望着不远处的游击区，赵一曼一言不发地上了日军的车。她不能让日军发现附近的游击队，给游击队的同志们带来生命危险，所以赵一曼没有任何反抗，安静地接受了日军的逮捕。再次被捕的赵一曼被带到了哈尔滨市警察厅刑事科的拘留室接受审问，跟她分头行事的韩勇义与董宪勋也没有逃过日军的追捕，他们二人也被一同带到了警察厅。后来董宪勋因为被严刑逼供，死在狱中；韩勇义被社会上的热心人士救出狱，但在狱中经受的折磨最终还是夺去了她的生命。

这次负责审问赵一曼的是警察厅特务科的大特务林宽重，这个绰号"林大头"的日军走狗，对赵一曼施加了各种惨绝人寰的刑法，他们为了让赵一曼乖乖招供，想尽办法折磨她。然而，这些都没有让赵一曼开口，她早已下定决心，坚决不会背叛党和人民，背叛自己的信仰，肉体上的痛苦只会使她的信念更加坚定。就这样，赵一曼和敌人耗了一个多月，敌人都没有从她口中挖出情报，连主审的林宽重都没了主意，只能扯着大嗓门逼她招供："你这女共匪，别再嘴硬了，你是斗不过大日本皇军的！"赵一曼也竭尽全力地喊道："你这无耻的汉奸，背叛中国人做日本人的走狗，你是不会有好下场的。中国人民一定会把日本鬼子赶出中国的！"林宽重见她如此强硬，束手无策，只能向日军请示，得到的答复是放弃审问赵一曼，等待处决！为了表示日军对待抗日者的态度，他们决定将赵一曼押送到她曾经活动过的珠河县游街"示众"，并处以枪决。8月2日凌晨，赵一曼被日寇押上前往珠河县的火车，等待受刑。

赵一曼知道最后的时刻到了，心里却异常平静。她没有浪费自己的生命，也保住了游击队的同志和党组织的机密，现在，她即将要离开这个世界了，回想她走过的路，做过的事，她心里没有一丝遗憾与后悔。让她放心不下的只有自己多年不见的儿子，她是那么想念宁儿，她可怜的孩子！不知道他在武汉生活得怎么样，有没有遇到什么挫折？有没有想念他"狠心"的母亲？赵一曼想起自己在宁儿那么小的时候就离开了他，就感到深深地自责，她还没有来得及跟宁儿好好相处就要永远地离开他了，将来宁儿长大了，会不会知道自己是他的母亲呢？想到这儿，赵一曼决定给儿子写一封信，作为最后的告别。她向随行的押送人员提出了写信的要求，他们看赵一曼命不久矣就答应了她的请求，给她找来了纸和笔。于是，赵一曼坐在驶向死亡的火车上，以一个平凡母亲思念孩子的心情，安静地给儿子写下了遗书。

"宁儿：母亲对于你没有尽到教育的责任，实在是遗憾的事情。母亲因为坚决地做了反满抗日的斗争，今天已经到了牺牲的前夕了。母亲和你在生前永远没有再见的机会了。希望你，宁儿啊！赶快成人，来安慰你地下的母亲！我最亲爱的孩子啊！母亲不用千言万语来教育你，就用实际行动来教育你。在你长大成人之后，希望不要忘记你的母亲是为国而牺牲的！"

写完这封饱含深情的书信，赵一曼默默地闭上了眼睛，等待终点的到达。她想，如果人生也如同一列火车，那么终点早晚会来临，她这一生，能为抗日而牺牲，也算是死得其所了。她唯一的心愿，就是共产党人最终能够实现他们的主张，赶走侵略者，在中国大地上建立自由平等、民主富强的新社会，到那时，一切都会是值得的。车窗外太阳徐徐升起，柔软的阳光从窗外撒在赵一曼的身上，她虽闭着眼睛却感受到了久违的光亮，温和而亲切。她明白，只要抗争不息、信仰不灭，中国这片沉寂已久的土地终能迎来日出，人民的生活也能沐浴在灿烂的光明之中，他们这些人拼搏追求的未来终将到来。等到那个时候，她在地下的灵魂也将得到长久的安眠。

清晨的火车似乎开得特别快，不一会儿珠河县就到了，此时珠河县的百姓正趁早赶集，街上熙熙攘攘。两名日军押着伤痕累累的赵一曼缓缓地走在大街上，引来周围人的注目，不少百姓认出了赵一曼："老天不长眼，这样的女英雄竟落到了小日本手里！""谁说不是呢！多么好的一个人，如今却被日本人折磨成这副样子！"听到老百姓之间的窃窃私语，日军也明白自己想要通过带着赵一曼游街来震慑百姓的计划失败了，只能愤怒地抽打赵一曼。赵一曼知道日军因为阴谋无法得逞而迁怒于自己，于是就乘机高唱《红旗歌》："民众的旗，血红的旗，收殓着战士的尸体，尸体还没有僵硬，鲜血已染红了旗帜………高高举起呀！血红旗帜，誓不战胜，终不放手。……牢狱和断头台来就来你的，这就是我们的告别歌！……"赵一曼唱得慷慨激昂，人民群众听得满腔怒火，他们心中对日寇积压已久的愤怒在这时爆发了出来，很多人都大喊："打倒日本帝国主义！打倒日本帝国主义！"押送赵一曼的日军看到情况不妙，就催促赵一曼赶紧离开珠河县的集市街。长长的街道终于走完，赵一曼在日军的押送下，来到了行刑地点——珠河县小北门外的广场，随着押送负责人的一声令下，行刑人员手中的枪响起，赵一曼应声倒地，鲜血四溢，渐渐停止了呼吸。

1936年8月2日上午，人民英雄赵一曼在珠河县小北门外的广场上英勇就义，年仅31岁。随着行刑的枪声响起，一个年轻的生命离开了，但一个大无畏的灵魂却得到了永生。赵一曼短暂却伟大的一生，永远地刻在了中国历史中，永远地留在了人民的记忆中。

五、身后英义，永垂不朽

　　20世纪40年代初，陈达邦从苏联奉调回国工作。当他踏上中国大地的那一刻，思念便似潮水般涌上心头，他迫不及待地想见到妻子和孩子。心中十分记挂家人的陈达邦安顿好后，便辗转回到五哥陈岳云家中探望。兄弟多年不见，相互问候了好一会儿，陈岳云想起了一件更重要的事，连忙吩咐人叫"掖贤"来见长辈。陈达邦从未知道五哥家有一个叫"掖贤"的孩子，疑惑间看到五哥拉着一个十多岁的男孩，并让孩子喊"爸爸"的时候，他才知道五哥口中的"掖贤"竟然是他和妻子的儿子——宁儿。听到从未谋面的儿子开口叫了他声"爸爸"，陈达邦激动地落下了眼泪。这是他从未见过面的儿子宁儿，他和他苦苦思念的妻子两人唯一的儿子！在苏联的时候，他是那么渴望知道母子俩的情况，恨自己不能看到宁儿长大。现在父子相认，大家都有说不完的话，陈达邦关切地询问宁儿的身体、学习、心情，恨不得一下子把错过的成长过程补上。陈达

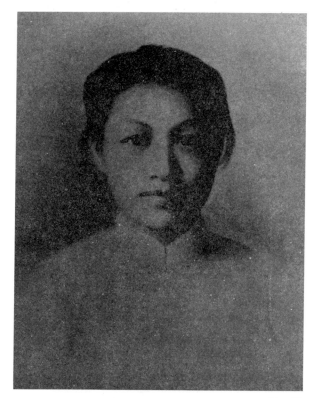

赵一曼

邦又问起宁儿的母亲，可大家都没有消息，五哥只知道她离开武汉后去了上海工作。这时的陈达邦还不知道，自己的妻子已经在东北抗日牺牲了。看着妻子寄给他的宁儿小时候的照片，他不敢相信时间已经过去那么久，在莫斯科朝夕相处的日子还历历在目，转眼儿子都已经这么大了，可他和妻子已经十多年没见面了，生死未知。他是多么思念她呀，那个坚毅善良的女子！赵一曼寄给他的照片，不知道被他拿在手里看了多少遍，终于等到了回国的机会，等到了见面的机会。

然而，陈达邦回国后等到的，却是妻子的死讯。在五哥家看到宁儿之后，陈达邦又四处打听妻子的情况，结果得到的消息多是说她去了东北参加抗日工作，其余的就不得而知了。四处碰壁的陈达邦焦急万分，心中没了主意，不知道从何处打听妻子的下落。还是五哥给他提了个建议："瑛宗妹子也在上海工作过，她认识的人又多，不如叫她帮着问问！"于是陈达邦写信给堂妹陈瑛宗，请她帮忙打听赵一曼的情况。没过多久，陈瑛宗捎来一个不幸的消息，说嫂子到了东北参加抗日之后牺牲了，要堂兄节哀。陈达邦得知这个消息之后悲恸不已，他没想到苏联一别，竟是天人永隔！看着照片中抱着幼儿的妻子，陈达邦泪流满面，他们就这样永别了，一句道别的话都没有说，一个哀悼的机会都没有，等他来时，妻子已独自离开。想到这里，陈达邦感到了深深的自责与愧疚，他恨自己没有陪着爱人同历风雨，恨自己没有保护好自己的妻儿。当夜，陈达邦想起往事种种，触动情肠，不由地提笔写下了自己的满腹心事，他絮絮诉说，字字动情，写了一页又一页，只恨不能陪她一起离去。陈达邦写了很多很多话，表达他内心对亡妻的追思与不舍之情，但还是没有办法平复心绪。看着痛苦无助的儿子，陈达邦更是悲从中来：宁儿从小没有父亲的照顾，现在母亲又永远地离开了他，真是个苦命的孩子。陈达邦发誓要好好抚养宁儿，补偿他多年来的缺席。他还要告诫他们的孩子宁儿，不要忘记自己的母亲是一位民族英雄，要向母亲学习——永远忠于自己的信仰、忠于党和人民。

怀念赵一曼不只是她最亲爱的家人，还有新中国的人民与历史。1950年，东北人民政府为了纪念曾经为东北抗日斗争作出贡献的女英雄赵一曼，计划拍摄一部专门讲述赵一曼英勇事迹的电影，向全国人民介绍赵一曼为东北抗日斗争作出的贡献与牺牲。通知一下，长春电影制片厂立马投入了电影的摄制工作，摄制人员还到赵一曼生前活动过的珠河地区调查访问，从人民群众口中了解赵一曼抗日时期的事迹，最后编剧于敏以赵一曼的真实经历为基础创作了电影剧本。准备工作完成后，剧组开始了紧张的拍摄，在大家的通力合作下，由当时著名的导演沙蒙执导，完成了电影《赵一曼》的摄制。电影《赵一曼》一经放映，就受到了全国各地观众的喜爱与欢迎，一时间，赵一曼成了妇孺皆知的抗日女英雄。越来越多的中国人知道了赵一曼的事迹，被她视死如归的大无畏精神所打动，东北烈士纪念馆里还专门收藏了赵一曼的有关资料，向后人讲述先辈抛头颅、洒热血的事迹，记录那些为民族解放事业贡献生命的英雄们，将他们这种崇高的爱国主义精神传承下去。许多党和国家领导人看了电影之后也对赵一曼的革命气概十分敬重，朱德、宋庆龄、董必武等人先后为她题词，表达他们的追思与哀悼，这些缅怀称颂之词也被烈士纪念馆收藏保管，留作纪念。随着电影《赵一曼》在全国各地的热映，陈达邦父子也了解了这位女英雄的故事，但此时父子俩都不知道这位人人敬仰的抗日英雄就是他们的亲人。他们只知道李坤泰前往东北抗日为国牺牲，却不能把"赵一曼"与"李坤泰"两个名字联系起来。

此时在赵一曼的家乡四川宜宾，也有人在惦记着她。自从她离开家乡参加革命后，赵一曼的姐姐就再也没有见过她，也没有收到过有关她的消息。新中国成立后，赵一曼的二姐李坤杰四处打听妹妹的下落，她只知道赵一曼去了上海工作，于是就顺着这条线索寻找。李坤杰四处打听妹妹曾经工作的地方，有什么认识的战友同事，只要有一丝希望她就马上去确认，遗憾的是，建国几年后，她还是没有得到李坤泰的确切消息。万般无奈的李坤杰想到了一个办法——她给当时的共和国总理周恩来写信求助，希望总理能够帮助她打听曾在上海党组织工作过的妹妹的消息，据说周总理看了信后想不起李坤泰是谁，只好委托全国妇联代为寻找。谁知妇联的领导人看了信件之后也不清楚这个人的情况，四处问人也无人知晓。正在犯难之际，当时正在中共中央工作的陈瑛宗了解了此事，对于嫂子李坤泰的情况，陈瑛宗还是十分清楚的，听说嫂子的娘家二姐正在寻找她的下落，就写信联系李坤杰说明具体情况，并附上了赵一曼在武汉和儿子的合照。收到陈瑛宗来信的李坤杰听闻妹妹牺牲的消息后，痛哭不已，她没想到自己的妹妹会去东北参与抗日活动，更没想到赵一曼会早早牺牲。然而李坤杰知道妹妹这么做是她自己的选择，她绝不会后悔。李坤杰只好收拾心情，停止寻找妹妹李坤泰的下落，她虽然伤心却也知道逝者已矣，只能写下怀念赵一曼的文章，向为国牺牲的妹妹遥送一份追思。

陈瑛宗的来信让李坤杰停下打听赵一曼下落的事情，她开始与妹妹的丈夫家联系，询问宁儿的情况，两家亲戚逐渐熟悉了解。谁知这时一封署名为何成湘的来信又激起了千层浪。何成湘是赵一曼在东北抗战时的战友，在收到早前李坤杰的求助信之后，发现李坤杰信中提到的妹妹与战友赵一曼的经历十分相似，何成湘越想越觉得她们是同一个人。但是由于赵一曼很少向大家提起自己的家乡和过去的经历，所以何成湘并不敢百分之一百确定自己的判断，只好写信向李坤杰说明。李坤杰知道这个情况之后，便把陈瑛宗寄给她的赵一曼的照片寄给何成湘确认，谁知收到的回复竟是：李坤泰就是赵一曼！收到信的李坤杰十分惊讶，她决定亲自前往东北烈士纪念馆进一步确认。李坤杰来到东北后四处求证，最终确定自己的妹妹就是珠河人民口中的抗日英雄赵一曼。于是，她立马写信把这件事告诉陈达邦和宁儿，得知这个消息后，父子俩都十分震惊，他们没想到电影里人人称许的抗日女英雄赵一曼竟然是自己苦苦思念的亲人。

随后，宁儿受陈达邦的委托前往东北了解赵一曼抗战时的情况，宁儿来到东北烈士纪念馆后，看到了赵一曼死前给他留下的遗书，放声大哭，悲痛不已。穿过历史的风尘，母亲留下的言语字字锥心，读来让人痛彻心扉。从小就缺少母亲关心疼爱的他万万没有想到，自己的母亲对他感情这样深，即便时隔多年，他仍免不了潸然泪下。这是他最爱的母亲，是伟大的女英雄！他回到家后就在手臂上刻下了"赵一曼"三个字，时刻提醒自己缅怀母亲，牢记母亲的要求，做一个对国家和人民有用的人。作为革命烈士的后代，宁儿他本该获得一笔国家派发的烈士抚恤金，但他一直没有去领取，他甚至连烈属证也没有办，因为他不想接受任何特殊的待遇，这是他对母亲最后遗言的尊重。他常说："拿了这笔钱，我忍心用在什么地方呢？母亲牺牲了性命，为的不是她的儿子日后领这笔烈士抚恤金，我不能做对不起母亲遗愿的事情。"宁儿对赵一曼的怀念与敬爱如此深重，只为了稍稍安慰母亲地下的英灵。

当时在东北工作的赵一曼为了方便抗日斗争的开展，迷惑敌人，就给自己改了名字。为了保护党组织的信息，她也很少提及自己的过去，尽量以"赵一曼"的身份活着，原来南方的生活方式也尽可能地避免，重新适应东北的生活方式。赵一曼这样做无疑给抗日斗争带来了极大的便利，只是她没想到，自己的亲人差点没能找到她。这中间的百转千回已无人知晓，为了革命斗争的胜利，生命都可以付出，又何况是一个名字？至于亲人们，他们只会体谅赵一曼这么做的初衷，为自己亲人无私的奉献而感动欣慰。

赵一曼就是李淑宁的事情后来被人们知晓，人们对于抗日英雄赵一曼的信息也逐步完善。东北人民知道了这位女英雄的过去，而四川人民也知道了家乡的好女儿最终的壮烈事迹。在赵一曼的家乡——四川宜宾，人们为了纪念她，专门建立了一座赵一曼纪念馆，来缅怀这位人民的好女儿、革命的女英雄。赵一曼的丈夫陈达邦，还应约为纪念馆写了一篇怀念爱妻的文章留作纪念，至今仍保存在赵一曼纪念馆中。人们可以透过几十年的时间，感受那个时代的红色爱情，感受革命儿女的情深意重。

2009年，距离赵一曼离世已过去70多年，中央宣传部等部门联合组织了一项隆重的评选活动——选出一百位为新中国成立作出突出贡献的英雄模范人物。这是中国人民对民族历史的回顾与纪念，是华夏儿女对革命先辈的感恩与敬重。这一百个不朽的名字将永远伴随着共和国的成长史，留在人们心中。经过评委会的慎重选择和反复思考，最终确认了这一百位英雄模范人物的名单，在这份厚重的名单中，人们可以看到"赵一曼"三个字赫然纸上。赵一曼作为一名杰出的共产党员，顽强的抗日英雄，得此称号实至名归，她的爱国主义精神与坚毅执着的革命品质将永远被后人铭记。

后记

近代以来的中国历史是动荡曲折的，西方列强的入侵打破了所有中国人的迷梦，原来"四方朝贡，天下中心"的心态早已不合时宜。一些有识之士最先从"天朝大国"的迷梦中觉醒，开始反思中国相对西方的落后与不足，从那时开始，伴随着近代中国的屈辱史，一部可歌可泣的抗争史、救亡史也拉开了序幕。为了解救民族危亡，改变中国半殖民地半封建社会的贫弱，改变中华民族落后挨打的状况，这些有识之士纷纷提出了他们的解救之法。从外部的技术到内在的思想，他们一直没有放弃找出中国社会落后孱弱的病灶，也没有停止摸索出路的过程。到马克思主义传入中国的时候，中国社会仍然处于积贫积弱的落后状态，中国人民的生活境况没有得到根本的改变。长期受辱受难的经历使中国人史无前例地关心自己的民族前途，国家安危也成了人们避不开的话题。那个时代的人，无不把自己个人的命运与国家前途联系在一起，把自我价值的实现与解救中国社会联系在一起。正是有了这样的时代背景，那时的仁人志士都有着高度的爱国热情与民族责任感，他们将自己的人生主题设定为为国付出，就算献上生命也在所不惜。作为20世纪中国革命的主要领导者，中国共产党人的斗争是艰难而漫长的，但正是由于他们对国家的热爱、对信仰的执着，使他们找到了近代中国的病根，把中国人民从水深火热的境况中解救了出来，最终也成就了他们对自己的追求。作为中国共产党人中的一员，赵一曼的人生轨迹就是一部传奇的抗争史，她用坚毅顽强的品格、爱国救民的信仰、抗争不屈的精神，书写了悲壮伟大的人生画卷。

赵一曼的抗争首先体现在她不屈从于封建家庭的逼迫，主动为自己的人生争取机会。一个连自己命运都不能掌握的人，谈何解放大众？赵一曼是勇敢的，也是决绝的，她义无反顾地跟封建旧家庭划清界限，独自一人到广阔的社会中去历练自己，追求自己的人生目标。而她之所以有这样决绝的选择，主要来自赵一曼对自己人生清楚的定位：还是少年的时候她就接受了革命思想，从小就确立了奋斗目标。在追逐理想的道路上，势必会遇到各式各样的阻碍与束缚，如果不能凭着足够的勇气与信心去战胜它们，那么只能任由自己失去宝贵的机会。哲人说过，一个对于前进道路上的坎坷没有心理准备的人，是走不远的。赵一曼用自己的实际行动克服了前进路上的种种阻碍，全心投入到自己选择的人生事业上，她的勇气和顽强是值得我们尊敬的。

赵一曼的抗争还包括她对现实的反抗与不屈服，她从来没有任由生活的波折主导自己前进的方向。人生总会遭遇挫折，关键在于如何看待、如何取舍。好比一艘在大海上航行的船只，虽然时常遇到海浪的拍打、海风的吹蚀，但最终的方向还是不能改变。虽然煎熬痛苦，却是人生重要的经历，有了这份宝贵的经历，人们才能在抵达终点的时候感到欣慰。如果心中没有取舍，不知真正的方向所在，那么所有的苦难终将白费。对赵一曼来说，她参加革命后遇到的各种挫折与不幸，都不足以成为她生命的主题，那些只是她要完成的挑战而已。所以，无论境况多么艰难，赵一曼都没有被眼前的困难吓倒，目光长远的她知道，那些只是暂时的拦路虎，如果她不能打败它们，那么她的人生也就此停滞了，这样的结果不是她希望的。她能做的就是扛过去，不因胆怯而停止前进的脚步。

作为一个女性，赵一曼为女性获得平等地位所作的抗争也是令人瞩目的。男女平等不仅事关中国千万女性的福祉，更是社会进步的象征。当时的赵一曼年方二十，革命事业的序幕——妇女工作就已拉开。接触大量"自由平等、民主人权"思想的赵一曼，看到社会上大量歧视妇女、残害妇女的现象时，深深为妇女同胞所受的苦难感到悲痛不满，她不能看着这种不合理、不公平的现象继续存在，于是赵一曼决心要改变中国社会妇女地位低下的状况。这项任务不可能一蹴而就，也不可能凭借一己之力就实现，但赵一曼没有放弃努力。虽然她能够帮助的妇女很有限，但"星星之火，可以燎原"，点滴付出好过沉默不作为。赵一曼就是凭着"水滴石穿"的信念，尽心尽力地组织妇女解放会，为妇女同胞们争取平等地位。

赵一曼最伟大的抗争则是她本着爱国主义精神，对日本帝国主义侵略者的拼死抵抗。"苟利国家生死以，岂因祸福避趋之。"这是那个时代造就的爱国主义与民族精神。个人受到不公折磨时，赵一曼毅然决然地奋起反抗；国家受到侵略蹂躏时，赵一曼更没有沉默，她奋不顾身地奔赴抗日第一线，与敌人展开了各种形式的斗争，直到最后一刻，她都没有向日本侵略者屈服。这是她作为一名共产党员对信仰的守护，也是她作为一名革命者对祖国的守卫。赵一曼用她的鲜血，印证了自己的爱国之心，也印证了自己坚定的信仰。这种"先天下之忧而忧，后天下之乐而乐"的爱国忧民之心，是当时共产党员普遍的情怀，也是赵一曼身上最大的闪光点，生性坚毅不服输的她，面对祖国母亲遭受的苦难奋起抗争，都是出于她对这片土地、这个民族深沉的爱。

赵一曼的一生有许多地方值得我们学习效仿。但其中最为突出的，就是她无所畏惧、敢于抗争的勇气。从白花场的女学生到珠河县的女政委，赵一曼一刻都没有停止斗争，而她的每一次斗争，都不是为了个人私欲。赵一曼将她一生的生命都用在了为民族争取解放的革命上，从来没有因为暂时的失败放弃自己的信念，而是竭尽全力抗争到底，直至只剩一口气，她依旧没有低头。而这一切的背后，是赵一曼坚定的信仰在支撑着她，如果我们要学习赵一曼顽强抗争的精神，那我们更要学习她追逐信仰的执着与无畏。作为一名共产党员，赵一曼在为革命努力付出的道路上，一直是义无反顾的。从妇女会、学生会的工作到上海白区的"高压"环境，再到后来艰难求生、带子乞讨，赵一曼都没有后悔她最初的选择，而是咬着牙挺过重重难关。甚至在她最后面对日寇严刑拷打的逼问时，她依旧坚持着自己的信仰，宁死不向敌人透露组织的情报。如此种种，都是因为她有对马克思主义信仰的执着与热爱，赵一曼深信不疑——中国共产党将领导人民创造一个人民当家做主的新国家，所以她不在乎个人任何形式的牺牲与付出。

信仰二字，给人灵魂的自由与生命的厚度，但要守护它却并非易事。赵一曼对于信仰的忠诚令人钦佩，这是她对自身的最高要求，更重要的是，她坚持做到了。一个人有长久坚持的信仰已足够了不起，更何况这个信仰还与国家民族的解放相关。赵一曼的生命虽然短暂，但她留下的精神财富却不可估量，值得后人反复思考，细细品味。这位传奇的女英雄，在70多年前就已停止了呼吸，可她不朽的美德却不停息地流传到了今天。"太上立德，其次立功，其次立言。"一个人最高的境界，莫过于传世的风骨品格。

赵一曼名列"100位为新中国成立作出突出贡献的英雄模范

人物"，证明历史记住了她，这片土地上的人民记住了她；记住了她气吞山河的革命精神，也记住了她高尚的人格精神。

延伸阅读

被兄嫂剥夺求学权利的我

全世界的姊妹呵！你们请看我的家庭，是何等的守旧！是何等的黑暗！我自生长在这黑暗的家庭中十数载以来，并没见过丝毫的光亮。阎王似的家长——哥哥——死死把我关在那铁围中，受那黑暗之苦。近数载，多蒙新文化运动诸君"登高疾呼"，那隐隐的声音，也吹入我铁围城中来了。我将我久经蔽塞的聋耳口空，细细一听：岂不是唱的"社交公开""平等""自由"么？我到这个期间，已经觉悟了！觉得我们女子，受专制礼教之压迫，做私有财产社会的奴隶，供专权男性的玩弄，已经几千年了！我们女子受了几千年不平等不人道的待遇，那些没良心的家长哥哥，还要造些"八出"——"七出"之中加一条不顺兄长出——"四从"——"三从"之中加一条父死从兄的话来压迫我！可怜我们许多女子，还深深被压在旧社会习俗制度之下，受不尽的黑暗。我感觉到这一点的时候，我极想挺身起来，实行解放，自去读书。奈何家长——哥哥——专横，不承认我们女子是人，更不愿送我读书。我屡次求他送读，他不仅不送我读书，并且说些不堪入耳的话；说什么"女校的风气不好，多数的女生，在校内私自怀胎，跟人逃走，师生苟合"，他就拿这些话来阻我出去。

全世界的姊妹们呀，他太把我们女子和女校贱视了。我并没听到哪个女校的女生私自怀胎，就让其中有某个学校的某个女生，有偷人怀胎的事情，又比他们男校，和他们自身的日嫖夜赌（我的家长是哥哥确是如此）下流了好多呢？怎么男子还是要读书？所以我听他说出那些轻贱女子的话，我就极为不平，极力驳回道："果真各女校都发生这种事情，也不能单怪女生，并不能怪学校，只当怪办学的人员！尤其是男教职员！不改良教育，不使学生自觉，假如学生有了觉悟，绝不会发生这种不好的现象了。"同胞的姊妹们呀！他不但不听我的话，似乎还要打我一般。他又说什么祖上的遗产不多，仅仅敷家用，没有余力送我读书。同胞的姊妹们呀，他们拿钱去日嫖夜赌，滥吸洋烟，随意乱用，他们要做的事，一思百行，而对于我读书，却无钱了。我读书他不出钱，我就求他拿我将来应得的陪奁钱给我读书，他也死不肯出。

唉，我说到这里，也不知我酸心痛苦的眼泪滴了好多下来。我见他不肯出钱，我就来我的二位姊姊，帮我设法。我的大姊呢，她是能够自主的，她极愿帮助我的钱。我的二姊呢，她是在大人手下，她不能帮助我的钱，她也极力帮我说话。同胞的姊妹们呀，我多蒙二位良好的姊姊，事事帮助我。但家长却非常的不满意她们，他们为我，也起了多厚的意见了！至于大姊帮助我的钱，叫我出来读书，我的哥哥呢，就是大姊出钱，他都不许我读呀！他说，"纵然大姊替你出钱，总之你的人不是大姊的，人是我的。"唉！我们女子是人就不是自己的人吗！何以他说是他的呢，既是他的，他怎又不送我读书？一方面又说我是他的，一方面又不要我上进；简直把我当成货物奴隶去了。当真我们女子不是人吗，当真是货物奴隶吗，应该拿给这些贼心狗胆的男子作践吗？同胞的姊妹们呀，世界上哪有如此可恶的杀人家长呀！他不送我读书，我又求他在上海商务印书馆的函授学社里，去替我报名，给我订购算学、英文、国语这三科的讲义；他不惟不给我订购，而且把写给商务的信，和志愿书都烧了。同胞的姊妹们呀，他不给我买讲义，我又求他给我订报。订报吗，他不惟不出钱，就是亲友送我的，他都不许看呵！不惟亲友送的不许看，就是我自己出钱订的妇女杂志，都要搜来烧却呵！他说：现在的书报，多是引坏一般青年的。他又说我自读了现在的书报，我就□□□想的要读书。唉！同胞的姊妹呀，他不要我读书，也就至矣尽矣了！他还要骂我一些不忍听的话，骂我"贱婢子"，"不学好"，"不讨尊贵"，多少好样都不学，专要学北京上海那些不好的风俗。同胞的姊妹呀，读书，是不好的风俗吗？读书的风俗只有北京上海才有吗？就是只有北京上海才有，怎见得就不该学呢？试问读书既不好，国家每年耗费数千百万来办男女学校做什么？他（家长哥哥）又怎么要送他的儿女读书？

唉！同胞的姊妹们呀，自我先父去世以来，整整七年了！这七年中，我并没过一天人的生活。我的家长，还骂我不服从他，不该事事反抗他，骂我是无父母的女子，该他管的，他管口得下，不由我的乱想，又骂我不识时务，现在还有母亲，他看母亲的面，还百般的宽待我，假如母亲将来百年归时，他定要杀死我。唉！我常常不识时务吗？他用这般杀人的手段来宽待我，我都全不知痛吗？全世界姊妹们呀，我现时正似悬梁般的，上下不能，真要屈死在这无情的梁上了！唉！我实无法可施了，我的姊妹也帮我想不出法了，不得已才求全世界的姊妹们，帮我设法！至于我现在呢，第一不要他出钱送读，第二不要他订报买书，单要他放我出来读书。

同胞的姊妹们呀，说到我屡次的反抗，都只有失败没一次成功。我今将我求他，和他反覆驳难我的经过，再细写出来，请全世界的姊妹们，和女权运动者，帮我设法，看我要如何才能脱离这个地狱家庭，如何才能达得到完全独立？

我第一次求他送读，他就说："各女校的风气都不好，不能送你去读，至于银钱，还在其次。"第二次我就托姊姊劝他，他就说："这几年银钱紧（他还未存上一万串钱），必不能送读。"第三次我就问他要提用我将来应得的陪奁钱读书。要陪奁钱吗，他说除非他死，他如未死，叫我休要乱想。第四次我姊姊们又回来劝他送读。他不肯时，姊姊就说叫他每年出一半，不足的由姊垫出。唉！莫说一半他不出，就是一文他也不肯出。姊姊见他一文不肯，就说是这样吗，你不出钱不要紧，我们几家姊姊帮助她，送她去读要得吗？他见姊姊这样说，只得哑口无言。再问他时，只得说只要你们当姊姊的仗义疏财，那吗你们送就是了。哪晓他过后又想出几个难题，要姊姊担负。他说：第一，离了他的家庭，他就不管我的穿吃；第二，出了他的家庭，就不许再入他的家庭；第三，要姊姊私自出钱送我读书，不许沾染姊丈的钱；第四，出门人的名誉要好，假使有不好的风气，他就惟姊是问；第五，路途之上要姊姊亲自护送。我的大姊呢，也算是有胆气的，见他提出这几个自相矛盾的难题，还是毫不畏惧的担负下来，就叫我准备行李，她承认送我、出钱。我于是行李也备齐了，轿子也请好了，只等过年正月元宵前后就出门。哪晓临到今年正月十四，起身那天，他又反过口来，说要凭家族公议。我的家族吗，完全是宗教家守旧派，没一个帮我说话的。他们尽皆说我不是呀！有些说："女子读书是顶坏的。"有些说："女子读书无用。"唉！同胞的姊妹们呀，我走到这步田地，真是要死不生了！除终日拿眼泪洗脸以外，简直没法了！本来他逼我那些难题，我都不怕；奈何他毫不顾名誉、信用，简直撕下鬼脸，死不要我出门。我实无法了。亲爱的姊妹们呀，说起来真是可恨可痛之至。我现在实是动弹不得，自身无主了，务望我亲爱的同志，帮我做主呀！……

附注　我因哥嫂万般的阻难我，我就宣言不出阁；我那狠心的哥嫂又因为众家族赞成我不出阁，生怕将来分他的地方，就天天闹分家——要与十五岁的小弟弟分家，要十五岁的小弟不读书了，回来分家——分家不成，就两夫妇商量（是我亲耳听得的）要用一种极卑劣恶辣的手段来逼我出阁——其实我尚未字人——将来如果他实行了，我必宣布出来，请大众声讨。此时事机未甚急迫，我也不好意思说得。

　　　　　　　　　赵一曼　十三年七月十八日于观音镇

东北人民抗日诗歌选

东北抗日联军第一路军军歌

我们是东北抗日联合军，

创造出联合军的第一路军。

乒乓的冲锋杀敌缴械声，

那就是革命胜利的铁证。

正确的革命信条应遵守，

官长士兵待遇都是平等。

铁般的军纪风纪要服从，

锻炼成无敌的革命铁军。

亲爱的同志们团结起，

从敌人精锐的枪刀下，

夺回来失去的我国土，

解放亡国奴的牛马生活！

英勇的同志们前进呀！

赶走日寇推翻"满洲国"。

这一次的民族革命战争，

要完成弱小民族的解放运动。

高悬在我们的天空中，

普照着胜利军旗的红光。

冲锋呀，我们的第一路军！

冲锋呀，我们的第一路军！

杨靖宇

中朝民族联合抗日歌

一

山河欲裂，万里隆隆，大炮的响声，

帝国主义宰割弱小民族的象征。

国既不国，家何能存，根本没有和平。

黑暗、光明，生死线上斗争来决定。

崛起呀，中朝民族！

万不要再酣梦。

既有血，又有铁，

只等着去冲锋。

二

全世界上，最大仇敌日帝数头等，

焚烧掠夺，奸淫侮辱，亡国且灭种；

并朝吞中，莫非"田中奏折"的兽行？

同仇敌忾，共赴国难，决不让再久逞！

联合呀，中朝民族！

团则生，离则亡，

谨防备离间计。

手携手打冲锋！

三

热血沸腾，杀声冲天，民族齐觉醒。

壮夫断臂，争先恐后，共夺万军灯。

旌旗所至，势如破竹，虏焰自息影。

阵容强化，战线巩固，基础早奠定。

团结呀，中朝民族！

互相间，本赤诚，

坚持那最后五分钟。

勇冲锋！

四

照耀全球，闪烁不灭，最惊人的火星。

万恶日寇，自掘坟墓，非人能回生。

勇猛冲锋，吉凶福祸并非天来定，

事在人为，诚至金开，会有曙光逢。

前进呀，中朝民族！

既有始，要有终，

誓杀到敌人的大本营。

猛冲锋！

杨靖宇

第三路军成立纪念歌

一

绚烂神州地，

白山黑水间。

八载余强敌嚣张，

铁蹄肆踏践，

中华民族遭蹂躏，

惨痛何堪言！

骨露原野，

血染白山巅。

义愤填胸，

揭竿齐向前。

誓驱倭寇，

团结赴国难。

民族自救抗日军，

铁血壮志坚，

杀敌救国复河山。

二

驰骋吉、黑边，

横扫哈东南。

军威远，松江动荡，

兴安亦震撼，

冰天雪地朔风吼，

夜雨复霜天。

救亡壮志，永矢兮弗谖！

鼓角乍鸣，

将士各争先。

杀声四起，

敌寇心胆寒。

六载于兹未稍懈，

孤军喋血战。

伟哉豪气长虹贯！

三

机动游击战，

突破嫩江原。

貔貅健，

长驱挺进到处得声援。

反日怒潮澎湃起，

爆发指顾间。

响应我国对日总抗战，

消灭日贼走狗与汉奸。

精诚团结，

粉碎封锁线。

救国重任万众担，

势急不容缓，

国耻血债血来还！

四

举国鼎沸兮，

全民总抗战。

烈焰炽，

战争烽火延烧遍中原。

东北抗联齐奋斗，

统一指挥建，

三路军成立军民齐腾欢。

厉兵秣马，

慷慨赴火线。

果敢冲锋，

寇氛一扫光。

民族革命成功日，

红旗光灿烂，

高歌欢唱奏凯旋。

李兆麟

跃进呵，中国！

跃进呵，中国！

你——雄壮伟大的赛手，

你——国际革命的前锋，

坚决英勇地和资本魔王抗争！
用我们工农群众的火力，
毁灭历史上无数的"英雄"。

资本主义没落的日子已经来到，
残酷的斗争展开了，
像闪电般的速度驰遍天涯地角。
铁枷中的弟兄们！
起来呵，起来！
杀！杀！杀！
拼着我们白的骨头红的血，
夺回来他们把持的世界！
夺回来他们把持的世界！

这世界，阴沉黑暗多忧郁！
万众血肉被吮吸。
资本魔王的淫逸奢骄，
凭借着工农血汗的创造。
我们生存没有生存权，
要生存只有受死坐监牢。
铁枷中的弟兄们！
起来呵，起来！

拼着我们白的骨头红的血，

夺回来他们把持的世界！

夺回来他们把持的世界！

跃进呵，中国！

你——雄壮伟大的赛手，

你——国际革命的前锋，

坚决英勇地和资本魔王抗争！

用我们工农群众的火力，

毁灭历史上无数的"英雄"。

全世界的无产者在热烈地期望着你

——勇敢的前锋革命成功！

宋占祥

革命十二月

正月里来正月正，

百姓受苦叹了一声：

有钱的人们多欢乐，

穷人的饥寒谁来打听。

二月里来龙抬头，
日本鬼子进兵占领满洲，
房子烧得千千万，
杀的百姓血水流。

三月里来三月三，
日本鬼子组织壮丁团，
利用百姓杀百姓，
杀不尽百姓他心不甘。

四月里来四月二十八，
日本鬼子发兵来讨伐，
他说要消灭抗日军，
烧了房子又把人杀。

五月里来是端阳，
百姓无路走他乡；
穷人哪有年和节，
思想起来痛断肠。

六月里来麦穗黄，

豪绅地主一大帮，
甘心效力日本鬼，
要捐要税要租粮。

七月里来七月七，
投降士兵受了气，
走狗长官来压迫，
无故打骂用脚踢。

八月里来月正圆，
日本鬼子领兵去搜山，
亡国奴做了先锋队，
机关枪督战在后边。

九月里来九重阳，
救苦救难共产党，
他们都是劳动者，
为国为民意志坚强。

十月里来天大寒，
日本鬼子发兵又来交战；
"满洲"士兵受了感动，

秘密组织全体哗变。

十一月里来雪花飞，
工农联合抗日军队，
杀的日本鬼子手忙脚乱，
眼看就把死路归。

十二月里来整一年，
革命成功就在眼前，
建立选举的人民政府，
自由平等万万年！

贫农四季歌

青山碧水好阳春，
我们贫农人，
劳苦又殷勤，
指望种地度生存，
谁知日本鬼子来并屯，
闹得各家老幼不安身。
恨他们乱杀人，

全村百姓泪淋淋，

养活猪鸡都担心，

不给杀吃就打人。

全都是贫农人，

这些痛苦真难忍！

看看我们这样苦，

可是有谁来知心？

草绿花红正夏天，

当午烈日炎，

铲地真艰难，

晒得满头直流汗，

还得一锄一锄往前铲，

为的是一家人，

吃个饱穿个暖，

不受饥不受寒，

这才铲完几垧田。

谁想日本鬼子进我边，

屠杀人又强奸，

还来成立"自卫团"，

苛捐杂税一齐添，

实实苦了众乡间。

山老田黄立了秋，

贫农犯忧愁，

从春忙到秋，

指望打粮养老幼，

哪知粮食上税还不够。

老幼泪交流，

吃不饱穿不周，

日本贼把税收，

还来强制把丁抽，

去给鬼子当马牛。

双亲哭妻子愁，

家人离散也得走，

眼看一家难聚首。

骨肉分离命不周。

寒风白雪到冬天，

贫农衣裳单；

谁想这几年，

自从鬼子进我边，

哪有一日得安然，

真是忍耐难！

贫农人要听言：

要打倒日本鬼，

拿起枪刀拼着干。

共产党游击队，

是咱穷人大靠山。

大家齐心上火线，

杀尽日寇奏凯旋，

我们才能见青天。

赵一曼年谱

1905年　出生

10月25日，出生于四川省宜宾县白杨嘴村，原名李淑宁。

1913年　8岁

进入私塾学习，学习成绩优秀。

1918年　13岁

父亲去世，大哥李席儒开始管家。

1923年　18岁

在当地团组织和大姐夫郑佑之的帮助下，光荣地加入了中国社会主义青年团。

1924年　19岁

文章《被兄嫂剥夺了求学权利的我》在向警予主编的

《妇女周报》上发表，要求捍卫自己受教育的权利，引起很大反响。

1925年　20岁

10月，在白花场成立了共青团支部，任支部书记。

12月，召开白花场妇女解放同盟会成立大会，实际负责同盟会工作。

1926年　21岁

2月，突破封建家庭的束缚，来到宜宾县城，考入宜宾女子中学。积极从事革命宣传，被选为学生会常委兼交际股股长。

5月4日，成为宜宾学生联合会常委、负责宣传工作，组织学生抵制洋货。

夏天，加入中国共产党党员。

1927年　22岁

1月，考入武汉黄埔军校政治大队。

4月，加入叶挺领导的独立师学生兵团。

9月，被党组织派往苏联中山大学学习。

1928年　23岁

春天，与同学陈达邦结婚。

年底，从苏联回国，在湖北宜昌建立秘密联络站。

1929年　24岁

2月，生下一个男孩儿。

到南昌中共江西省委工作，省委机关暴露后，徒步到上海寻找组织

将孩子送往武汉丈夫堂兄陈达邦处寄养。

1931年　26岁

"九一八"事变后，被派往东北从事抗日活动。

1932年　27岁

进入沈阳一家烟草公司做工人，开始使用"赵一曼"这个名字。

1933年　28岁

参与领导哈尔滨电车工人大罢工。

1934年　29岁

7月，任中共珠河中心县委委员兼铁北区委书记，组织当地农民成立抗日自卫队，开展游击战。

1935年　30岁

秋，任东北人民革命军第三军第一师第二团政治委员，领导部队沉重打击了日本侵略者的嚣张气焰。

11月，在左撇子沟突围时为掩护大部队撤退，不幸被俘。面对敌人的酷刑，英勇不屈。

1936年　31岁

受刑多次昏迷后被送往哈尔滨南岗市立医院治伤。护士韩勇义、看守董宪勋受到赵一曼爱国精神的感染。

6月28日夜，韩勇义和董宪勋救出赵一曼，奔向抗日根据地。

6月30日凌晨，赵一曼再次被捕，面对敌人的屠刀，表现了共产党员的坚定意志。

8月2日，被押往珠河县，途中给儿子写下遗书。在珠河县小北门英勇就义，年仅31岁。